Carl
Wilson

Música
de mierda

BOB33

Título original: *Let's Talk About Love: Why Other People Have Such Bad Taste*

Diseño de cubierta: Sergi Puyol
© de la ilustración de cubierta: Cristóbal Fortúnez
© de la fotografía del autor: Erin Brubacher

© del texto: Carl Wilson y colaboradores, 2014
© del epílogo: Manolo Martínez, 2015
© de la traducción: Carles Andreu, 2015
© de la edición: Blackie Books S.L.
Calle Església, 4-10
08024 Barcelona
www.blackiebooks.org
info@blackiebooks.org

Maquetación: David Anglès
Impresión: Liberdúplex
Impreso en España

Primera edición en esta colección: mayo de 2025
ISBN: 978-84-10323-54-4
Depósito legal: B 4272-2025

MIXTO
Papel | Apoyando la
silvicultura responsable
FSC® C109440
www.fsc.org

Índice

Prólogo

Los artistas que nos merecemos
Nick Hornby

Últimamente he pasado bastante tiempo escuchando discos en directo de Television y pensando en mi madre. No es una asociación que se produzca con demasiada frecuencia —de hecho, no recuerdo que se produjera nunca con anterioridad—, pero después de leer el libro de Carl Wilson seguramente se entienda que las yuxtaposiciones impredecibles, e incluso indeseables, son algo inevitable.

Conocí a Wilson en 2009. Me entrevistó en un teatro de Toronto con motivo de mi novela *Juliet, desnuda*, y cuando acabamos mencionó que había escrito un libro sobre Céline Dion. Me interesó de inmediato, pues sabía que seguramente hablaba de algunas de las cosas que, durante la última década, he pasado mucho tiempo tratando de comprender: ¿quién decide si una obra de arte es «buena»? ¿En qué se basan fans y críticos para tomar esas decisiones? ¿Podemos fiarnos de ellos? *Juliet, desnuda* es en parte una novela que intenta abordar estas cuestiones, pero en ella decidí inventarme a un músico cuya obra cuenta con el favor de los habituales: los críticos de rock y los freaks de Internet. El proyecto de Wilson era más ambicioso. ¿Cuántos de los que amamos la música —la música de verdad, de Dylan, Neil Young, Miles Davis, la Velvet Underground y, sí, Television—

nos dignaríamos a dedicar más que un comentario desdeñoso a Céline Dion? Wilson, en cambio, se declaraba dispuesto a desmontar sus gustos y a sí mismo por su causa, y a reflexionar sobre ella «con una mentalidad abierta». ¡Caramba!

Una de las cosas que me incomoda cada vez más de la crítica artística —de mi consumo, experiencia y contribución a la misma— es lo sumamente difícil que resulta toparse con mentalidades abiertas. Lo que abunda, en cambio, son ideas preconcebidas totalmente arbitrarias sobre lo que es el buen gusto crítico que se utilizan como arma arrojadiza contra los no ilustrados. Y cuando empiezas a sospechar que los no ilustrados son personas que viven fuera de las grandes ciudades, que no han tenido acceso a una educación artística de nivel universitario, que han superado la edad de la jubilación y que no leen periódicos liberales serios, el malestar es una reacción completamente justificada. Wilson se horroriza (con razón) porque un periodista anónimo del *Independent on Sunday* tilda a los fans de Dion de «abuelas, hombres con esmoquin, niños obesos, vendedores de teléfonos móviles y habituales de los centros comerciales». Ese tipo de misantropía despiadada es inevitable si uno lee a menudo reflexiones sobre las formas artísticas más arcaicas y pijas: no es solo *El código Da Vinci* el que se lleva un revolcón, sino también sus lectores («el vulgar rebaño», según el crítico John Sutherland). Como es bien sabido, Harold Bloom regañó a los miles de millones de niños que han leído *Harry Potter* (simplemente estaban «equivocados»). El crítico de arte de *The Guardian* escribió que Jack Vettriano, el pintor más popular de Gran Bretaña, «ni siquiera era un artista» (una afirmación que debió de llevar a Vettriano a preguntarse a qué dedica entonces su jornada laboral). «Se da la circunstancia de que es popular entre la "gente ordinaria" que compra reproducciones.» Jones concluyó, en tono sombrío, que Vettriano era «el artista que nos merecemos», convirtiendo como si nada un en-

caprichamiento inofensivo del público en una apelación al suicidio nacional masivo.

La popularidad de Céline Dion, lo mismo que la predilección por Dan Brown, J. K. Rowling y Jack Vettriano, provoca
desconcierto y consternación entre quienes tienen la suerte de
poseer lo que ellos mismos consideran un buen gusto educado.
Pero la bilis vertida sobre Dion parece especialmente inmerecida
teniendo en cuenta que se dedica a hacer música pop. ¿No ha-
bíamos quedado en que la gracia del pop —un término que em-
plearé aquí para referirme a cualquier tipo de música que no sea
música clásica— era justamente su espíritu democrático? ¿No
era eso lo más emocionante, que era una música que podía hacer
cualquiera (o, cuando menos, cualquiera que llevara un peinado a la moda) y que podía ir dirigida a cualquiera, también a los
obesos y a los que no tienen amigos, e incluso a los habituales de
los centros comerciales y a los que escriben blogs sobre música?
En mi caso, por lo menos, su naturaleza inclusiva y accesible fue
una de las cosas que más me gustaron desde el principio.

Muchas de las afirmaciones referidas a las virtudes de la
gran literatura ponen un énfasis incomprensible en la capacidad que esta tiene de convertirnos en mejores seres humanos.
(No es así, por cierto. Sin ni siquiera darse cuenta, novelistas,
críticos literarios y profesores de literatura se han encargado de
demostrarlo.) Eso es lo que justifica los malhumorados ataques
contra la plebe: si leyeran lo que tienen que leer, nuestra decadente sociedad todavía podría salvarse. Al fin y al cabo, los atra-
cadores no leen a Virgina Woolf; si lo hicieran, esta ejercería en
ellos una influencia que los empujaría a hacer algo constructivo
con sus vidas. Pero ¿alguien ha intentado alguna vez justificar
seriamente que escuchar, pongamos, el primer disco de los Ramones nos vuelve moralmente mejores? Parte de la gracia de
los Ramones está en que su música tiene más probabilidades
de provocar disturbios que de impedirlos. Pero, entonces, ¿por

qué los críticos de rock insisten en que el rebaño vulgar deje de escuchar a Céline y se ponga a escuchar a Joey y a Dee Dee? ¿Qué les importa a ellos? ¿Qué tiene de malo Céline? ¿Qué mal nos puede hacer?

Llevo toda la vida escuchando música pop. Todavía sigo escuchándola. Escucho música nueva y música vieja, música que conozco y música que no. Y tomarse en serio cualquier forma de cultura popular cuando tienes treinta, cuarenta, cincuenta años, significa experimentar (¡todavía!) condescendencia y desdén. Ahora voy a pasar diez segundos o así en Internet, buscando una cita intelectual que ilustre lo que quiero decir. Esta misma, del crítico de música clásica Norman Lebrecht, me servirá:

> Lo peor es que los consumidores de música *crossover* no son ni jóvenes ni impresionables. La mayoría, según los estudios realizados, son de mediana edad, fugitivos de la música rock pendenciera y malhablada, que no logran hacer una transición madura a las obras maestras de la civilización occidental. La razón por la que no pueden está sujeta a conjetura. A lo mejor el rock les ha arruinado el oído de tal forma que ya no perciben las sutilezas tonales.

Sí, ese soy yo. Como la mayor parte de la población mundial, soy incapaz de hacer esa transición madura.

Cuando el crítico y académico inglés John Carey publicó su magnífico *¿Para qué sirve el arte?*, una serie de ensayos que diseccionan con fría lógica las afirmaciones caprichosas, irremediablemente enrevesadas y ocasionalmente hilarantes del Gran Arte y sus defensores, me sentí aliviado, reivindicado y comprendido: resultaba que lo de la «transición madura» era un invento y que las grandes obras de arte de la civilización occidental existían solo en el ojo del espectador.

A la pregunta: «¿Esto es una obra de arte?» [...] hoy solo se puede responder: «Sí, si tú crees que lo es; y no, si crees que no». Y si eso parece sumirnos en el abismo del relativismo, solo puedo decir que en realidad el abismo del relativismo es donde siempre hemos estado, si es que se trata de un abismo.

Me gustó el libro de Carey porque atizaba a mucha gente a la que me moría de ganas de que atizaran. Sin embargo, hasta que leí el libro de Wilson no comprendí que Carey también me atizaba a mí. Resultaba que mis gustos, prejuicios, creencias, preferencias y aversiones eran tan absolutamente indefendibles como los de los partidarios de la alta cultura. ¿Me dedicaba a juzgar a la gente a causa de sus gustos incomprensibles? Ya lo creo. Pero como soy fundamentalmente un populista (contrario a cualquier tipo de pretensión y partidario de la accesibilidad, la simplicidad y la diversión), creía poseer una base de lo más sólida. Unos minutos después de empezar a leer *Música de mierda*, noté como esa base empezaba a tambalearse, y antes incluso de terminarlo ya se había desplomado bajo mis pies. Efectivamente, me estaba sumiendo en el abismo. El aparato teórico que me permitía juzgar la música pop era tan inflexible, arbitrario y jerárquico como el del crítico de alta cultura más arrogante.

Y eso me lleva de vuelta a mi madre y a Television. *Love Goes To Buildings On Fire*, el fantástico libro de Will Hermes sobre la música en la Nueva York de mediados de los setenta, me devolvió al disco en directo de Television, *The Blow-Up*. Escuchando los solos largos y abruptos de «Little Johnny Jewey», y con *Música de mierda* en mente, empecé a pensar en los factores autobiográficos que hacían que aquella música me resultara al mismo tiempo electrizante y comprensible. Al fin y al cabo, en otros oídos (en los de mi madre, por ejemplo) las frases repetidas y el súbito frenesí de notas que sale de la guitarra de Tom Verlaine podrían sonar como una cortina de ruido —el efecto que a veces produce en mí un solo de John Coltrane—, y en cambio existen una serie de motivos por los que yo puedo seguir a Verlaine como si me estuviera contando una historia.

Yo tenía diecinueve años en 1976, por ejemplo, el año en que Television publicó su primer disco, y estudiaba filología en la universidad. Eso significa que tenía la edad perfecta para toda la música nueva que de pronto había empezado a aparecer y, más importante aún, que tenía siempre el tiempo libre necesario para escucharla, ya fuera en mi cuarto o en directo. Estaba familiarizado con Paul Verlaine y, por tanto, estaba predispuesto a interesarme por alguien que había decidido adoptar su apellido. Yo había nacido a finales de la década de 1950 y, por lo tanto, había vivido totalmente inmerso en la historia del rock 'n' roll; había pasado seis años siguiendo la pista a los solos de Hendrix, Duane Allman y Jimmy Page. (Solo que la guitarra y la banda de Verlaine me pertenecían de manera particular, del mismo modo que los Allman y los Hendrix pertenecían a los hermanos mayores de mis amigos.) En 1976 yo me creía todo lo que decía *New Musical Express*, y Nick Kent acababa de publicar una larga y entusiasta reseña del primer disco de Television, *Marquee Moon*, que todos mis amigos y yo mismo devoramos. En mi mente, la ciudad de Nueva York era el lugar más apasionante del mundo. Había un millón de razones por las que Television iba a gustarme eternamente, y por las que hoy me sigue gustando.

El libro *Psychology of the Arts*, de Hans y Shulamith Kreitler, una obra aparentemente exhaustiva a la que hace referencia John Carey, concluye que la explicación sobre por qué las personas respondemos de forma distinta ante una misma obra de arte tendría que «abarcar una serie de variables inconmensurables, que incluirían no solo rasgos personales perceptuales, cognitivos, emocionales y demás, sino también información biográfica, experiencias personales específicas, encuentros anteriores con el arte y asociaciones individuales». En otras palabras: no hace falta ni que lo intentes.

«*Marquee Moon* es un disco para todos, con independencia de los credos y las peculiaridades musicales de cada uno», escribió Kent en su reseña del *NME*, pero naturalmente eso no es cierto. No es para mi madre. Incluso es posible que no sea para ti. Me pregunto a quién creyó Kent que incluía en aquel «todos».

En mi mundo ideal, la gente estaría leyendo, escuchando música y viendo películas todo el tiempo, encantada siempre con lo que estuviera consumiendo; juzgar a esas personas o sus gustos, tanto si se decantan por Céline Dion como por una sinfonía de Schubert, dañará su relación con la cultura de forma profundamente innecesaria. El libro de Carl Wilson, inteligente, estimulante y humano, es absolutamente relevante, porque, si la gente escucha lo que dice, mi mundo ideal estará un poquito más cerca.

I

Hablemos del odio

«El infierno es la música de los demás», escribió el músico de culto Momus en una columna de 2006 para la revista *Wired*. Se refería a las molestas bandas sonoras que retruenan incesantemente en centros comerciales y restaurantes, pero su paráfrasis de Jean-Paul Sartre expresa una verdad que a todos nos resulta familiar: cuando odias una canción, tu reacción tiende a ser espasmódica. La oyes y es como si una cucaracha te trepara por la manga: te falta tiempo para sacudírtela de encima. Pero ¿por qué? Y, de hecho, ¿por qué odiamos determinadas canciones, o la obra entera de determinados músicos, que millones y millones de personas adoran?

En cuanto a mi relación con Céline Dion, la guinda fue un comentario sarcástico de Madonna durante los Oscar de 1998. Esa noche de marzo, las gradas del Shrine Auditorium de Los Ángeles fueron el coliseo que presenció la última batalla de gladiadores, en la que los estruendosos carruajes de la cultura de masas arrasaron a los delicados emisarios del arte. Y la emperatriz Madonna se rió.

Hasta aquella noche, yo me las había apañado como había podido para evitar colisionar con *Titanic*, el transatlántico mediático que desde las últimas Navidades se había abierto paso a toda máquina por cines, revistuchas de famosos y emisoras de radio. No había visto la película y no tenía televisor, pero las revistas y páginas web que leía habían reforzado mi convicción de que aquella cinta tan taquillera era una falsificación condescendiente, una peli de acción edulcorada, diseñada para endosársela a las parejitas.

Soy muy consciente de que esta actitud, como muchas de las que siguen, puede hacerme quedar como un imbécil si el lector de estas páginas es, como millones de personas, un fan de *Titanic* o de la cantante que interpreta el tema musical de la película. Buena parte de este libro trata de personas razonables que llevan consigo suposiciones culturales que los hacen quedar como imbéciles a ojos de millones de desconocidos, así que pido un poco de paciencia. Además, por aquella época creía contar con apoyos de sobra.

Por ejemplo el de Suck.com, la fuente digital de opiniones cáusticas de finales de los noventa, que describió *Titanic* como un «vodevil cinematográfico de catorce horas» que «posee lo más importante que una película puede ofrecer: un argumento claro que nos enseña un montón de cosas nuevas e importantes, como por ejemplo que si eres increíblemente atractivo te vas a enamorar». En la reseña se comparaba *Titanic* con *Gummo*, una película dirigida por Harmony Korine sobre un grupo de adolescentes con malformaciones pero peculiarmente radiantes que vagan por el entorno rural de Xenia, un pueblo de Ohio devastado por un huracán (algo así como el Kansas de Dorothy convertido en una versión escatológica de Oz después del tornado). Según Suck, *Gummo* evoca «el vértigo que experimentamos cada vez que alguien descubre y establece nuevos estándares de belleza y de lo que es *cool*», una sensación a la que la sociedad de masas se resiste porque dichos estándares podrían ser «los equivocados, y no nos podemos permitir prestarles demasiada atención o hacerlo durante demasiado tiempo».

La reseña de CNN.com, en cambio, describió *Gummo* como «el equivalente cinematográfico de Korine haciendo pedorretas, volviéndose los párpados del revés y comiéndose los mocos», y a su director como un pringado que intenta en vano hacerse pasar por un punki, por un tipo duro. Para demostrar que sabía de lo que hablaba, el crítico mencionaba a los Sex Pistols y afirmaba que, a diferencia de estos, la rebelión de Korine se limitaba a burlarse de los paletos de pueblo.

Yo tenía clarísimo qué argumentos me convencían más, y no era solo porque ese mismo crítico hubiera descrito *Titanic* como «un viaje estupendo». Al fin y al cabo, Korine era un *enfant terrible* lírico que había recibido cartas de felicitación de Werner Herzog, mientras que el director de *Titanic*, James Cameron, hacía pelis con Arnold Schwarzenegger. Basta con comparar las bandas sonoras: *Gummo* discurre entre un paisaje sonoro de grupos de doom-metal, con toques de gospel y Bach para quitarle gravedad al asunto. *Titanic*, en cambio, tiene gaitas, cuerdas azucaradas y... a Céline Dion.

El hecho de que yo viviera en Montreal, Quebec, hacía que me resultara imposible esquivar las embestidas musicales de *Titanic* de forma tan drástica como las de celuloide. Dion era una figura conocida en toda la provincia desde hacía años, primero como estrella infantil, más tarde como diva de todas las naciones francófonas y, finalmente, como éxito de la fusión entre el inglés y el francés. Su versión de «My Heart Will Go On», de James Horner y Will Jennings, apareció inicialmente en su disco superventas *Let's Talk About Love*, de 1997, luego en la banda sonora superventas de la película y luego como single superventas. (Diez años más tarde, según algunas fuentes, es la decimocuarta canción pop más popular de la historia.) Yo había dejado de escuchar radios de pop comercial a los once años y los centros comerciales me provocaban agorafobia, pero la flautita de la intro me perseguía en cafeterías, garitos de falafel y, cuando me los podía permitir, también en los taxis. Evitar «My Heart Will Go On» en 1997-98 habría requerido retirarse a lo Unabomber a algún lugar donde no llegaran los rastros sonoros de la civilización.

Pero es que, encima, yo era crítico musical. No llevaba en ello demasiado tiempo: había empezado escribiendo sobre arte en una revista estudiantil y me había pasado al periodismo político de izquierdas antes de convertirme en el redactor de arte de uno de los «semanarios alternativos» del centro de Montreal. Además escribía perfiles y reseñas de discos para el disoluto guitarrista de punk-rock que (cuando llegaba arrastrándose a la oficina a media tarde) editaba la sección de música. Alababa a músicos experimentales y autores de canciones impopulares a los que a menudo me refería como «literatos». No me habría dignado escuchar un disco entero de Céline Dion, pero estar al día de sus éxitos para poder burlarte de ellos era una competencia cultural básica en Montreal. En Quebec, Dion era un elemento cultural que uno podía soportar a regañadientes y con actitud burlona (era un espectáculo dantesco, sí, pero era *nuestro* espectáculo dantesco), hasta que *Titanic* echó por tierra (y también por mar) todo sentido de la proporción y las ululantes amígdalas de Dion se dilataron para tragarse el mundo entero.

Con «My Heart Will Go On», vapulear a Céline Dion dejó de ser un hobby exclusivamente canadiense para convertirse en un pasatiempo casi universal. El entonces editor musical de *Village Voice*, Robert Christgau, describió su popularidad como una prueba que había que superar. Rob Sheffield, de *Rolling Stone*, dijo que su voz era «cera para muebles, ni más ni menos». Años más tarde, en 2005, su superéxito alcanzó el número 3 de la lista de «Canciones más odiosas de la historia» según la revista

Maxim: «La segunda peor tragedia provocada por el legendario transatlántico sigue atormentando a la humanidad años más tarde, mientras la figura más cruel de Canadá alardea de una voz tan potente como una estampida sónica, aunque no tan bella». En 2006, un documental de la BBC dobló la apuesta y situó «My Heart Will Go On» en el número uno de la lista de canciones más detestables de la historia, mientras que en 2007 la revista inglesa *Q* eligió a Dion entre los tres peores cantantes pop de todos los tiempos y la acusó de «producir cada nota mecánicamente, como si tuviera algo en contra del mismísimo concepto de economía».

Pero el cinturón negro de los improperios lo ostenta Cintra Wilson, cuyo libro contra la cultura del famoseo, *A Massive Swelling*, describe a Dion como «la mujer más repelente que jamás haya cantado canciones de amor» y destaca «la balada de *Titanic*, que te hace sangrar por los ojos», y sus «empalagosos maullidos junto a cantantes de ópera italianos ciegos, con un colorido emocional tan primario como chillón». Wilson concluye: «Creo que mucha gente preferiría que la procesara el aparato digestivo de una anaconda a tener que ser Céline Dion por un día».

Mi improperio favorito se materializa en un episodio de *Buffy, cazavampiros* en el que Buffy, estudiante de primer año, llega a la residencia de la universidad y descubre que su compañera de habitación es, literalmente, un demonio; la primera pista de ello es que cuelga un póster de Céline Dion en su pared. El catálogo de invectivas proferidas por críticos, columnistas dominicales y presentadores de *Saturday Night Live* bastaría para llenar este libro. Por lo general secundé esas expresiones, incluso cuando un blog organizó un concurso de chistes sobre Dion, donde alguien participó con el siguiente acertijo: «—¿Quién ganaría en una pelea a muerte entre Céline Dion y Shania Twain? —Ganaríamos todos».

Pero fue durante los Oscar cuando la cuestión se volvió personal.

La noche fue un previsible paseo triunfal para *Titanic* y culminó con la broma autorreferencial del director James Cameron al grito de: «¡Soy el rey del mundo!». (Que desde aquel podio sonó más bien como: «¡Mi marca tiene una sinergia multiplataforma absoluta!».) Pero en la categoría de mejor canción original, *Titanic* (y Dion) contaban con un rival insólito: ni más ni menos que Elliott Smith.

Smith era uno de los ídolos de un servidor y de la subcultura *indie* de finales de los noventa, uno de esos compositores «literatos» que grababan en su estudio y cuya visión de lo *cool* y de la belleza parecía encontrarse a leguas de distancia de lo que propugnaba la máquina del glamour pop. Tímido y picado de viruelas, con un historial que incluía abusos infantiles y (aunque yo eso todavía no lo sabía) una adicción intermitente a la heroína, Smith había grabado fundamentalmente para Kill Rock Stars, un pequeño sello del noroeste de Estados Unidos, pero acababa de firmar un contrato con Dreamworks, que iba a publicar su siguiente disco, *XO*, ese mismo verano.

En las canciones de Smith, las susurrantes melodías servían de cebo para unas letras cargadas de rabia corrosiva. En ellas se ofrecían destellos de un sol «cuyos rayos guiaban a todos»,[*] pero bajo el que todos terminaban quemándose. Sus letras enganchaban más que un anzuelo. Como su biógrafo Benjamin Nugent escribiría más tarde en *Elliott Smith and the Big Nothing*, «Smith presenta de manera efectiva la toxicomanía como una metáfora de otras actitudes autodestructivas, y la metáfora resulta útil por motivos diversos. Para empezar, un cantautor

---

[*] *Raining its guiding light down on everyone.*

que use la adicción a las drogas como un tema literal (aunque el amor sea el figurado) no tendrá ningún problema para distanciarse de los clichés al estilo Céline Dion de la música de moda contemporánea, ese lenguaje plagado de corazones, abrazos y distancias insalvables. [De hecho,] se inscribirá en una tradición más *cool*, la de Hank Williams, Johnny Cash y Kurt Cobain, con sus elegías a la adicción, su repudio y sus cáusticos autorretratos».

Smith también se enfrentaba con franqueza (me parecía a mí) a una de las paradojas de los defensores de una cultura «alternativa»: aunque pueda parecer que postulas tu superioridad respecto a las masas, desde mi posición como niño víctima de *bullying* siempre me pareció que el origen de todo estaba en el rechazo. Si te negaban el acceso a la justicia más elemental, ibas a construirte una gran vida (no hay mejor venganza) con lo que pudieras reunir lejos de sus órbitas, libre de toda sed de aprobación por parte de la mayoría. Esta dinámica es una constante en la música de Smith. En «2:45 a.m.», una ronda nocturna que empieza «buscando al hombre que me atacó | mientras los demás se reían de mí»* termina «saliendo de Center Circle | Me echan a empujones y no volveré nunca más».** Si lo tuyo eran las elegías y el repudio, le sacabas brillo a esos zurullos hasta que relucían. Y hacías correr la voz entre el resto de los alienados y heridos vivientes —una categoría que, en la sociedad de consumo del capitalismo tardío, me decía yo, debía de incluir a todo el mundo menos a los ricos—, para que también ellos pudieran hallar sustento y compasión en un exilio voluntario.

Así las cosas, ¿cómo era posible que Smith hubiera terminado bajo los focos del Shrine Auditorium, junto a los «clichés al estilo Céline Dion», en una yuxtaposición tan invero-

---

* *Looking for the man who attacked me | while everybody was laughing at me.*
** *Walking out on Center Circle | Been pushed away and I'll never come back.*

símil como que *Gummo* se llevara el Oscar a Mejor película? En realidad había sido un accidente. Años antes, Smith había conocido al director de cine independiente Gus Van Sant en uno de los bares de Portland donde tocaba la primera banda de Smith, Heatmiser. Esa amistad lo llevó a escribir varias canciones para la primera superproducción de Van Sant, *El indomable Will Hunting*, y de ahí directamente a la noche de los Oscar, donde (según *Rolling Stone*) formó parte de «uno de los repartos más extraños desde que Jimi Hendrix fuera telonero de los Monkees», con un trío absurdo compuesto por Trisha Yearwood, Michael Bolton y Céline Dion.

Smith intentó rechazar la invitación, «pero entonces me dijeron que, si yo no actuaba, buscarían a alguien que tocara mi canción», declaró a la revista *Under the Radar*. «Iban a pedirle a alguien como Richard Marx que actuara por mí. Creo que en el momento en que me dijeron eso empezaron a convencerme. O a lo mejor es que Richard Marx es una táctica universal cuando quieres amenazar a alguien.»

(Richard Marx, para quienes —con buen criterio— lo hayan olvidado, era el intérprete de baladas que en 1989 cantaba *«Wherever you go, whatever you do, I will be right here waiting for you»*. ¿A que acojona? Si Dion no hubiera estado ya ocupada, también podrían haber usado su nombre.)

La noche de los Oscar, Madonna presentó a los artistas. Smith terminó cantando después de que Trisha Yearwood interpretara el tema de la película *Con Air* «How Do I Live?» (compuesto por Dianne Warren, que también escribió «Because You Loved Me» y «Love Can Move Mountains» para Dion). Smith subió al escenario ataviado con un traje blanco reluciente prestado por Prada —la única ropa propia que llevaba era la interior— y cantó «Miss Misery», la canción de amor a la depresión que suena al final de *El indomable Will Hunting*. Los productores de los Oscar no dejaron que Smith se sentara en un taburete y lo abandonaron aferrado a su guitarra en medio de un inmenso escenario desierto, con su canción mínima y exquisita como una miniatura persa del siglo XVI.

¿Y qué vino a continuación? Céline Dion apareciendo entre una nube de niebla artificial, ataviada con un vestido negro estilo reloj de arena, en un escenario donde la esperaba una orquesta de músicos vestidos con frac de cola blanca y dispuestos de forma que pareciera que estaban en la cubierta del *Titanic*. Céline ya había cantado en la gala en varias ocasiones, acompañada por su amplia colección de gestos y muecas, y en una de sus intervenciones se había golpeado en el pecho con tanto ímpetu que había estado a punto de romper la cadena de su multimillonario collar de diamantes, réplica del «Corazón del océano» de la película. A continuación, Dion, Smith y Yearwood se cogieron de la mano e hicieron una reverencia que *Rolling Stone* describió como «un extraño sándwich de los Oscar».

«Se convirtió en algo personal», declaró Smith más tarde. «Alguna gente comentó lo frágil que me había visto en el escenario, con aquel traje blanco. Había muchísima atención puesta en la gala, y la gente dijo ese tipo de cosas solo porque no salí y me apoderé del escenario como hace Céline Dion.»

Entonces Madonna abrió el sobre para anunciar que el Oscar era para «My Heart Will Go On», soltó un bufido y añadió: «Menuda sorpresa».

A mí me gustaba Madonna por caminar como nadie por la cuerda floja que separa lo artístico de lo comercial, pero en ese momento cerré los puños con fuerza, deseando que hubiera mostrado una neutralidad decorosa (no en vano, «neutralidad decorosa» es la expresión que te viene a la mente cuando alguien dice «Madonna»). Retrospectivamente, entiendo que se burlaba de lo predecible de aquel galardón, no de Elliott Smith. Mi resentimiento no hizo sino poner de relieve hasta qué punto me había involucrado en todo aquello. No me sorprendía que los Oscar se hubieran comportado como los Oscar, que todas esas personas tan sumamente atractivas se hubieran reconocido mutuamente desde lados opuestos de la sala y, como suele suceder, hubieran corrido los unos hacia los otros para terminar abrazándose entre suspiros. Pero aquel giro carnavalesco del destino que había llevado a Elliott a terminar encajado entre Céline y Trisha era uno de esos desgarros en el continuo espacio-tiempo que hace que sientas que puede suceder cualquier cosa. Y por aquella época yo era lo bastante populista como para soñar que el amor podía mover montañas y curar todo lo que nos dividía.

Pero cuando Madonna pareció burlarse de Elliott Smith, volvió a asaltarme el rencor. No hacia Madonna, sino hacia Céline Dion.

Desgraciadamente, esta historia exige una coda: Elliott Smith reaccionó mal a su dosis de fama. La paranoia de que sus amigos estaban ofendidos con él lo llevó a distanciarse y a recaer en los cambios de humor, la toxicomanía e incluso las trifulcas en público. Su trabajo como cantautor se resintió, con el irregular *Figure 8* en 2000, seguido de un silencio que duró hasta 2003, cuando supuestamente había logrado superar la adicción y estaba terminando un nuevo álbum. Pero el 21 de octubre de 2003 la policía de Los Ángeles recibió una llamada de la novia de Smith desde su apartamento en Echo Park. Se habían peleado. Ella se había encerrado en el baño, había oído un grito y, al salir, se había encontrado a Smith con un cuchillo clavado en el pecho, muerto a los treinta y cuatro años.

Entre 1998 y 2003 no había vuelto a pensar en la debacle de los Oscar. Me había mudado de Montreal a Toronto, había dejado mi trabajo en el semanario alternativo y me había incorporado a un periódico diario de gran tirada, me había casado (con una mujer que tenía una intensa fijación por *Gummo*) y me había rodeado de un nuevo círculo de amigos. Pero el día de la muerte de Smith rememoré la noche en que el mundo entero había podido oír lo que uno de sus parias más débiles y poco atractivos le ofrecía, y había respondido: «No, preferimos a Céline Dion».

«El gusto», escribió el poeta Paul Valéry, «está hecho de mil aversiones». Por ello, cuando hace poco se me ocurrió la idea de examinar el misterio que rodea el gusto (lo que divide a los partidarios de *Titanic* de los de *Gummo*) analizando de cerca a un artista muy popular que me resultara absolutamente, totalmente insoportable, el primer nombre que me vino a la cabeza fue el de Céline Dion.

2

Hablemos del pop
(y de sus críticos)

Mi odio hacia Célion Dion no tenía que ver solo con Elliott Smith. Desde siempre su música me había parecido de una monotonía anodina elevada hasta la ampulosidad odiosa (*rhythm and blues* al que le habían extirpado quirúrgicamente la sexualidad y la picardía, *chanson* francesa desprovista de alma e ingenio) y su repertorio, un tibio caldo con el sello de aprobación de Oprah Winfrey, ideal para el alma consumista: un crescendo interminable de afirmación personal completamente ajeno a cualquier tipo de conflicto y contexto social. Desde el punto de vista del famoseo, Dion era una buena chica canadiense más, incapaz de generar siquiera un simple escándalo personal decente, más allá de su repulsivo matrimonio con el hombre que había sido su mánager desde los doce años, un tipo manipulador que le doblaba la edad.

Y, que yo recordara, nunca había conocido a nadie a quien le gustara Céline Dion.

Mi desprecio se mantuvo inalterable después de marcharme de Montreal, la zona cero Céline, a pesar de que mi hechizo con los principios culturales *underground* perdió fuerza y mis sentimientos hacia la música de masas se templaron. No puedo decir que en esa transformación fuera original: la experimenté al mismo tiempo que todos los demás en el mundillo de la crítica musical, con excepción de los elementos más recalcitrantes, que resistieron. Y se produjo con una velocidad alarmante. La nueva generación accedió a posiciones influyentes dentro de la crítica y muchos de sus integrantes pronto mostraron más interés en el hip-hop y la música electrónica o latina que en el rock, ya fuera de masas o no. Establecieron un modelo de crítica total que se oponía al síndrome consistente en evaluar toda la música popular según las normas de la cultura del rock: un «rockismo» que a menudo se contraponía al «popismo» (o «poptimismo»). Los blogs de música y los foros digitales aceleraron la transmisión de esas tendencias de opinión. Internet también relegó la escucha atenta de discos y favoreció un estilo basado en las descargas y la escucha superficial, algo que multiplica las oportunidades de que las novedades pop luzcan más. Asimismo, las descargas acabaron con la situación poco menos que de monopolio de las discográficas sobre la distribución musical, con lo que rebelarse contra el Leviatán de la música de masas se convirtió en algo en apariencia innecesario.

Además, empezó a surgir música pop fantástica, y todo el mundo quería hablar de ello. En una librería de Toronto, en 1999, un joven y brillante guitarrista experimental me cogió totalmente desprevenido cuando me preguntó si había escuchado el hit de la diva adolescente Aaliyah, «Are You That Somebody». No lo había escuchado, pero pronto lo haría. Se trataba de un tema R&B producido por Timothy Mosley, más conocido como Timbaland; él y sus colegas enseguida convirtieron las listas de éxitos en su polimórfico lugar de recreo. *Après Timbaland, la deluge:* los críticos empezaron a detectar una creatividad similar incluso en un ámbito tan despreciado como el del pop adolescente, y en 2007 periodistas de publicaciones de prestigio como el *New York Times* o incluso el altivo *New Yorker* reseñaban elogiosamente a fugaces bandas de R&B con una única canción de éxito y a bandas adolescentes de punk postizo, tanto como a Bruce Springsteen y U2.

Aquello fue el resultado de diversos ciclos de revisionismo: una de las formas que tiene un crítico de atraer la atención es afirmar que una música concreta que todo el mundo lleva años vilipendiando es en realidad genial. Esa estrategia ha «recuperado» todo tipo de géneros, desde la música disco hasta el *lounge exotica* o el rock progresivo, y a todo tipo de artistas, desde ABBA hasta Motörhead. Por mucho que diga *Rolling Stone*, hoy en día la crítica respeta a los Monkees tanto como a Jimi Hendrix. Incluso la música *minstrel** estadounidense del siglo XIX ha sido objeto de una reevaluación que ha arrojado la conclusión de que tanto sus melodías como sus patologías raciales forman parte de las retorcidas raíces de la música popular en Estados Unidos.

Esta epidemia de reevaluación hace del menosprecio crítico un elemento sospechoso: si los críticos se equivocaron tanto con la música disco en los setenta, ¿quién nos dice que hoy no se equivocan con Britney Spears? ¿Por qué la música pop tuvo que envejecer para que la trataran como merecía? ¿Por qué tenía que ser un placer inconfesable? Una vez que la crítica pop acumuló un historial suficiente como para estar plagada de juicios erróneos, el consenso, ya fuera popular o de crítica, dejó de ser una guía fiable. ¿Por qué no dejarse llevar simplemente por el propio placer? El enfoque actual viene a decir que, a menos que te entusiasmen los himnos del supremacismo blanco, no tienes por qué sentirte culpable o avergonzarte de tus gustos. Y yo estoy de acuerdo, aunque es curioso que, a los críticos, el «propio placer» suela llevarnos por caminos parecidos.

---

* Género teatral musical que combinaba la ópera inglesa y la música negra sureña, y que tenía la peculiaridad de estar interpretado por actores blancos disfrazados de negros que parodiaban y exageraban de forma despectiva sus gestos y actitudes. *(N. del t.)*

El realineamiento colectivo también significó una corrección de mercado: después del tumulto de principios de la década de 1990, cuando las masas se apropiaron de la música *underground* para descartarla al poco tiempo, muchos críticos y seguidores de lo *underground* adoptaron un enfoque cínico. La omnipresente brecha entre los gustos de la crítica y los gustos del público general amenazaba con desembocar en una guerra de posiciones irreconciliables, en la que seguir a los «mimados de la crítica» como Elliott Smith o seguir a estrellas del pop era algo mutuamente excluyente. La situación no era sostenible. Un académico podía dar la espalda a los gustos del público y centrarse exclusivamente en expresiones artísticas menos corrientes, más provocadoras, pero si un crítico de pop en activo hacía lo mismo, a largo plazo iba a quedarse sin trabajo (y se lo tendría merecido). Además, el rollo *underground* pertenecía a un mundillo cada vez más anquilosado.

Pero por mucho que se reduzca, la brecha entre el éxito de crítica y el éxito popular nunca dejará de existir. Esto se hace evidente sobre todo en diciembre, cuando los críticos elaboran listas de «los mejores del año» en las que Radiohead, Ghostface y Bob Dylan eclipsan a la mayoría de los nombres que lideran las listas de ventas (aunque ya no a todos). Del mismo modo, en las listas de los críticos de cine, las películas veraniegas más taquilleras quedan siempre arrinconadas por largometrajes con una recaudación mucho menor: intensos dramas domésticos, comedias negras «independientes», adaptaciones de obras de Henry James... Este distanciamiento es tan rutinario que ya lo vemos como algo orgánico. Se suele decir que se trata de una cuestión de educación estética y de exposición a un mayor volumen de material, pero eso implicaría que los juicios de la crítica son más objetivos y duraderos, algo que su historial, como hemos visto, desmiente.

En el fondo, si todo se reduce al placer, y los millones de

estilos de música pop satisfacen las necesidades heterodoxas de unos públicos de lo más diversos, ¿cuál es la esencia verdadera de la aversión que tantos otros comentaristas y yo hemos expresado por Céline Dion?

Porque, pese a todo, tal como observó el crítico y sociólogo británico Simon Firth en una entrevista de 2002 para la página web rockcritics.com, Dion sigue siendo «probablemente la superestrella más odiada que recuerde, por lo menos entre mis conocidos, contando no solo a críticos, sino también a mi suegra». «Dudo mucho que algún día la crítica la redima como hizo con ABBA», añadió, «todo el mundo parece coincidir en que es hortera y punto».

Y que conste que Firth es fan de Dion.

Cuando el heavy metal no gozaba de ningún respeto (hace cinco años), Deena Weinstein lo defendió en un ensayo titulado «Los críticos musicales necesitan música mala», que señalaba que la autoridad crítica se basa no solo en el poder de canonizar, sino también en el de excluir, y que el ejercicio de la crítica depende de la capacidad de convertir a tus lectores en un grupo de gente *in*, más lista que otro público menos entendido. Entonces, cuando la crítica resucita un género como el metal o a bandas como ABBA, todo el mundo finge no haber sido nunca de los que los menospreciaron. La conclusión fácil sería que los gustos de la crítica son oportunistas, pero esa volubilidad forma parte de la naturaleza misma de los gustos.

Todo el mundo tiene una biografía de gustos, una narrativa de preferencias cambiantes: recuerdo que a los doce años solía decir que me gustaban «todos los tipos de música, excepto la música disco y el country», dos géneros que ahora me encantan. Me crié en una ciudad del cinturón industrial de Ontario sumida en una profunda decadencia. Yo era un empollón de clase media y empecé escuchando la colección de discos de los Beatles de mis padres, pero pronto me pasé a cosas más duras, iniciando así mi exploración de la música de vanguardia. Cuando me mudé me di cuenta de que mis ángulos muertos respondían a un sesgo cultural y regional. Mis gustos se reconfiguraron según mis experiencias sociales: bailar en clubes gays de Montreal, donde el tecno cañero se combinaba a la perfección con clásicos de la música disco; hacer amigos tejanos o de las provincias marítimas de Canadá, todos ellos amantes del country; visitar el sur de Estados Unidos... Mis preferencias también se modificaron en respuesta a una mayor información musical: al descubrir, por ejemplo, que un gran número de samples de hip-hop provenían de la música disco, o al explorar los vínculos entre Bob Dylan, Hank Williams y Johnny Cash hasta llegar al sonido Nashville de los sesenta y terminar dando con el country contemporáneo. Me di cuenta de que mi desprecio barato delataba mi ignorancia sobre comunidades enteras y sus formas de vida, unos prejuicios con los que no quería vivir. Fue una epifanía ética que se tradujo en un placer musical. El reciente debate sobre placeres inconfesables y gustos en la música pop suele seguir el camino inverso, y eso si llega a abordar el componente ético.

A los doce años, mi aversión por la música disco y el country no me parecía una opinión social, sino una reacción musical. Me estremecía cada vez que oía a Dolly Parton o a Donna Summer, tan inconsciente de que considerarlas estúpidas constituía una opción, como lo era para los marcos en los que su música era algo inteligente. Me parecía natural: la música disco y el country me despertaban un odio tan puro y diáfano como el que hoy me suscita Céline Dion.

Aunque, ¿hasta qué punto mi odio es puro y diáfano? Al fin y al cabo, mientras escribo estas líneas Dion ha vendido 175 millones de discos, sin contar la banda sonora de *Titanic*. Ha colocado cinco álbumes en el Top 100 de los discos más vendidos de la Asociación de la Industria Discográfica de Estados Unidos y ocupa el vigesimotercer lugar entre los artistas de pop que más han recaudado en la historia. A nivel global, es la cantante en francés (y posiblemente también la cantante femenina) de más éxito de todos los tiempos. Durante cuatro años, su legión de fans ha sacado punta a sus salarios para volar a Las Vegas y asistir a su función diaria de *A New Day* en el teatro Colosseum, construido especialmente para ella dentro del casino Caesars Palace. Tiene seguidores de Idaho hasta Irak que intercambian noticias y debaten sobre sus canciones preferidas en foros de Internet, como cualquier otro grupo de fans. Cocinan, se ejercitan en el gimnasio y tienen citas con su música de fondo, y sus canciones acompañan momentos importantes, como el primer baile de una boda o la entrada de una comitiva fúnebre.

Cuando le preguntan a la cantante si le molestan las críticas que recibe, la respuesta suele ir en la línea de lo que dijo en una entrevista para la revista *Elle* en 2007: «Llevamos cuatro años llenando el teatro. El público es mi respuesta».

Aunque eso no significa que tengas que admirarla. O a lo mejor sí. Ciertamente, parece que una generación crítica decidida a renunciar a los sesgos elitistas debe reconocer la inmensa popularidad internacional de una figura a la que hemos considerado tan poco atractiva. A quienes creen que Dion es «hortera» (o cutre, o kitsch, o, como dicen en Quebec, *kétaine*) se les debe de haber pasado algo por alto, empezando por la razón por la que utilizamos etiquetas como «hortera» o «cutre». Si los placeres inconfesables han pasado de moda, a lo mejor ha llegado la era de las manías inconfesables. Se trata de una sensación muy distinta a los remordimientos persistentes que, por ejemplo, me genera el hecho de no haber aprendido nunca a apreciar la ópera. Mi aversión por Dion se parece más al mal cuerpo que se me queda cada vez que alguien me dice que es provida o republicano: intelectualmente soy consciente de lo personales y complejas que pueden ser esas filiaciones, pero mi reacción instintiva es más primaria, más tribal.

Las subculturas musicales existen porque los instintos nos dicen que ciertos tipos de música son para ciertos tipos de persona. Pero esos códigos no son siempre transparentes. Una canción nos atrae por su ritmo, su estilo, su calor, su idiosincrasia o porque el cantante tiene un no sé qué; escuchamos la música que nos recomiendan nuestros amigos o prescriptores culturales, pero resulta difícil no darse cuenta de cómo esos procesos son un reflejo de nuestra forma de autodefinirnos y, al mismo tiempo, contribuyen a ella, o hasta qué punto nuestro personaje encaja con nuestros gustos musicales. Esto se pone de manifiesto más claramente que nunca en la guerra de identidad que es el instituto, pero la música nunca deja de ser una insignia distintiva. Con la retórica inconsciente del rechazo («eso es pop quinceañero», «eso solo les gusta a los hippies», «eso es música para violadores») cerramos las puertas de los clubes de los que no queremos formar parte. El psicoanálisis nos diría que nuestras aversiones nos cuentan más acerca de lo que nos atrae inconscientemente que nuestros deseos conscientes. ¿Qué verdades desagradables podemos descubrir si analizamos con mayor atención nuestros miedos y odios, lo que consideramos «mal gusto»?

La imagen que el club de fans de Céline Dion despierta entre muchos de aquellos que no son fans suyos quedó al descubierto en una serie de artículos titulada «¿Por qué son famosos?», publicada en el rotativo británico *Independent on Sunday* en 1999, que constituye una muestra de elitismo encomiable por su franqueza: «Entre el vómito y la indiferencia tiene que haber una horda de fanáticos, una Inglaterra media, vulgar y corriente, invisible para el resto de nosotros: abuelas, hombres con esmoquin, niños obesos, vendedores de teléfonos móviles y habituales de los centros comerciales, seguramente».

Leyendo estas líneas, siento una gran compasión hacia esos pobres hombres inapropiadamente ataviados con esmoquin, esos prepúberes conmovedoramente rechonchos que languidecen con los compases de unas canciones de amor interpretadas por la chica mona dueña de la mejor voz del mundo. Pero el odio que me produce Céline Dion no tiene punto de comparación con el que me suscita ese redactor del *Independent on Sunday*. Aunque, por otro lado, lo único que hace es explicitar las implicaciones de, por ejemplo, mi frase «con el sello de aprobación de Oprah Winfrey». Si su retrato del público de Dion es preciso, incluye básicamente a personas que, de haber viajado a bordo del *Titanic*, habrían muerto en tercera clase. Si la aversión que me provoca la cantante se extiende también a ellos, ¿estoy negándoles un bote salvavidas?

La bilis que gasta el *Independent* muestra por qué la redención crítica de la música vilipendiada tiende a producirse años después de su momento de apogeo: un día la música *lounge exotica* deja de sonar como la patética banda sonora de seducción propia de la cadena de un adulador vendedor de seguros y empieza a parecernos encantadoramente extraña, regida por unas convenciones musicales ya perdidas y, por ello, seductoras. En el presente, sumergidos como estamos en antagonismos sociales, y ante el riesgo de que nos tomen por unos muermos y unos horteras, nos sentimos menos inclinados a ser magnánimos y a escuchar a Céline Dion como tal vez la escuchará la historia.

Este libro es un experimento sobre gustos, un intento de abandonar deliberadamente una estética personal. Tiene que ver con las afinidades y los rencores sociales, y con cómo el arte y su comprensión pueden exacerbarlos o convertirse en un elemento de mediación. En un momento en el que todo lo relativo al significado y al objetivo del arte se ha convertido en un asunto turbio, este ejercicio puede aportar aire nuevo. Sobre todo, de lo que se trata es de averiguar si los gustos de la gente, y en particular los míos, tienen algún tipo de base sólida.

Una condición previa, creo yo, es que la manía en cuestión tenga un componente personal. No vale elegir un objetivo aleatorio. Aunque generalmente evito las baladas pop con tintes épicos, el hecho de que Céline Dion sea canadiense hace que me resulte más irritante que Michael Bolton: los ataques contra ella provocan daños colaterales en todo mi país, como sucedió con la canción de *South Park* «Blame Canada», que dice: «Cuando Canadá haya desaparecido del mapa no existirá Céline Dion».* Cuando oigo cosas como esa me siento aludido. «Un momento», me dan ganas de protestar, «¡que nosotros la odiábamos antes que vosotros!».

Mi caso de estudio será *Let's Talk About Love*, el disco en el que se incluye la canción «My Heart Will Go On». No es su disco más vendido (ese honor se lo lleva *Falling Into You*, de 1996), ni tampoco el más apreciado por sus seguidores. Pero fue un disco enorme y se publicó en el momento cumbre de la fama de Dion y de mi hostilidad hacia ella. Por otro lado, ¿existe un título mejor que *Let's Talk About Love* para hablar sobre las pasiones y las antipatías culturales?

Además de sumergirme en su disco, examinaré a Dion como hago con los artistas que me interesan: estudiaré su historial, su carrera e influencias, el género al que pertenece y la sensibilidad que expresa. Pero también abordaré la cuestión del gusto en sí: lo que se ha escrito sobre gustos, el papel que estos han tenido en la teoría estética y las investigaciones realizadas al respecto, científicas y no tanto. ¿Descubriré que llevo dentro a un fan de

* *When Canada is dead and gone \ There'll be no more Céline Dion.*

Céline Dion? El objetivo no es terminar fundiéndonos en un abrazo. Si al final me reconcilio con su música, me lo tomaré como una lección. Y si no, seguramente podremos extraer otras.

Como gesto de buena voluntad propongo que nos tuteemos, como hacen sus seguidores: ¿qué tal, Céline?

Este ejercicio no queda tan lejos como podría parecer de mi actividad crítica habitual en ámbitos musicales más intricados, como el art rock, el psych-folk, el postpunk, el free jazz o los terrenos más abstractos del tecno y el hip-hop. Escribo sobre ese tipo de sonidos porque creo que la música «difícil» puede ayudarnos a zarandear nuestras percepciones y empujarnos más allá de los límites habituales. Como Simon Firth escribió en su libro *Performing Rites*, escuchar música difícil contiene vestigios de un «impulso utópico de negación de la vida cotidiana», la voluntad de abrirse a «otro mundo en el que lo difícil sería fácil». ¿Y no se podría decir que, para mí, la música de Céline Dion es en realidad más «difícil» que cualquier collage sonoro posmoderno? Me resulta más molesta, de eso no hay duda, y es posible que me desoriente más que los tipos de «dificultad» que me he habituado a dar por hechos.

Al fin y al cabo, los méritos de Céline (sean los que sean) no pasan por la innovación sonora, ni por su inventiva verbal, ni por la crítica social, ni por una exuberancia escandalosa, ni por su carga erótica, ni por ninguna de las otras cualidades a las que yo y otros críticos solemos prestar atención. Sus fans deben de oír otra cosa. ¿Qué es y a través de qué lenguaje se comunica? Cuesta admitirlo, pero es posible que en cierta medida la respuesta tenga que ver con la naturaleza prosaica de su música. Después de años analizando música en la que la «dificultad» ofrece trazas de «otro mundo» y predicciones sonoras de transformación, he empezado a preguntarme si la música más «sencilla» puede incluir indicios de reconciliación con el mundo al que nos hemos visto abocados. A lo mejor trata problemas que no requieren un esfuerzo imaginativo pero sí otras virtudes, como paciencia o compromiso. Es posible que esta música contenga negaciones, pero estas serán distintas de las que suelo encontrarme.

Al mismo tiempo, me preocupan las concesiones: ¿y si me estoy metiendo en honduras relativistas? Si incluso Céline se puede redimir, ¿será que no existen el buen gusto y el mal gusto, el arte bueno y el arte malo? Si al final decido no condenar las ñoñeces musicales de Céline Dion, ¿tendré que reconsiderar también las vulgares decoraciones de cristal del escultor Dale Chihuly o los cuadros kitsch de Thomas Kinkade, el llamado «Painter of Light»? Kinkade es el pintor de más éxito comercial de nuestro tiempo y sus paisajes nostálgicamente purificados, ajenos a los problemas, al humor y la ironía, le reportan cientos de miles de dólares de admiradores que no tienen relación alguna con el mundo artístico. ¿Y qué pasa con los libros mediocres o con el lenguaje ambiguo de los expertos de sesgo conservador? A lo mejor si no te plantas de vez en cuando terminas tragándote cualquier cosa.

A lo mejor si odiar a Céline Dion no es correcto, prefiero ser incorrecto.

Pero por grandes que sean los peligros a los que me enfrento, resulta que cuento con un aliado inesperado.

Mientras refrescaba mi memoria sobre los Oscar de 1998 me topé con una historia que no había oído nunca: en declaraciones a la revista *Comes with a Smile*, Elliott Smith admitió que había llegado a aquella velada «preparado para marcar las distancias con Céline Dion. Pensaba que se presentaría rodeada de guardaespaldas y que se comportaría como una diva con todos», dijo. «Pero no fue así, ni mucho menos.»

«En realidad fue muy amable», añadió en otra entrevista,

«tanto que ahora me resulta imposible tenerle manía. Aunque no soporto su música —con todo el respeto, no me gusta nada—, ella se portó muy, muy bien conmigo. Me preguntó si estaba nervioso y cuando le respondí que sí, dijo: "Eso es bueno, así tendrás un subidón de adrenalina y tu canción sonará mejor. Es preciosa, por cierto". Y entonces me abrazó. Fue demasiado; me pareció demasiado humano como para restarle importancia simplemente porque su música me parece trivial».

Marc Swanson, artista visual y amigo de Smith, le contó al biógrafo Nugent su versión de lo que sucedió a partir de aquel día. «Después de aquello, nos topábamos a menudo con gente que se acercaba a hablar con él, personas que no lo conocían y que le decían: "Eh, ¿qué tal? Te vi en los Oscar, ¿cómo fue todo aquello?". Entonces soltaban algún comentario desdeñoso contra Céline Dion y, cada vez que eso sucedía, yo contenía el aliento mientras él les dirigía una mirada de rabia y respondía: "Pues es muy buena persona, la verdad". Entonces el otro rectificaba y decía algo como: "No, claro, seguro que es muy maja...". Me parecía muy entrañable que siempre saliera en defensa de Céline Dion.»

Y eso que Smith solo coincidió con Dion una vez. A lo mejor, si le dedicáramos más tiempo, también encontraríamos en su música algo «demasiado humano como para restarle importancia».

3

Hablemos en francés

Ocho de los minutos más extraños y ampliamente ridiculizados de la carrera de Céline Dion tuvieron lugar el 3 de septiembre de 2005, en un programa especial de Larry King sobre la devastación que el huracán Katrina provocó en el Golfo de México. En la entrevista, Céline agita los brazos, grita y llora, critica la guerra de Irak entre lágrimas y disculpa a las pandillas de saqueadores de Nueva Orleans. Finalmente respira hondo y canta un aria pop dirigida a Dios.

Al día siguiente de la emisión del programa empezaron a circular por la red vídeos con titulares como «¡Céline Dion pierde los papeles!». Pero en realidad es posible que se trate de la Céline más «auténtica» que el mundo haya visto nunca. Para saber por qué, debemos atravesar el espejo y echar un vistazo a su Quebec natal.

Cada 24 de junio, Quebec celebra su versión del Día de la Independencia con desfiles, barbacoas al aire libre, fuegos artificiales y banderas. A la fiesta solo le falta la independencia.

La provincia secularizó la festividad de San Juan Bautista (a su vez celebración católica del solsticio de verano) en 1977, y la convirtió en La Fête National du Québec, la fiesta «nacional». Si coincidía que estaba en Montreal, mis amigos, mayoritariamente anglófonos, y yo íbamos a ver el desfile y nos maravillábamos de lo poco que sabíamos de la cultura en la que vivíamos, como si fuéramos expatriados en nuestro propio país. Bajo un cielo invariablemente azul, mujeres con peinados estrafalarios y hombres con peinados todavía más estrafalarios se subían a las carrozas y lanzaban besos a la multitud fervorosa. Y nueve de cada diez veces, mis amigos —que habían llegado a la ciudad para estudiar en una de las dos universidades inglesas de Montreal y se habían quedado, las botas atrapadas en la densa melaza del sibarítico estilo de vida de la ciudad— no tenían ni idea de quiénes eran aquellas personas aduladas por las masas. «Estoy bastante segura de que ese tipo presenta un programa de tele», podría haber aventurado Susana. «Y esa es una actriz, ¿no?» «No», intervendría tal vez Gordon, «es la columnista literaria de *Le Devoir*». Había estrellas de cine y presentadores del tiempo, chefs y artistas de circo, todos ellos aclamados como si fueran los Beatles al llegar al aeropuerto de Nueva York (unos Beatles que, para colmo, también eran primos segundos tuyos).

Esa es la cultura de vedettes de Quebec, un grupo de famosos dignos de un Hollywood raro que no existe prácticamente para nadie más que para los seis millones de francófonos de la provincia, para quienes son los hermanos predilectos de una nación en perpetuo estado de espera. Y fue de entre esas vedettes de donde Céline Dion salió elegida princesa y ángel de la guarda o, como dice la prensa de aquí, «nuestra Céline nacional». Para la mayor parte del mundo, Céline es una cantante norteamericana de pop, y tal vez en segundo lugar una canadiense francófona. Pero en su país es, en primer y único lugar, una *Québécoise*. Y eso tiene unas implicaciones que han marcado su carrera. También por eso, quienes no somos seguidores suyos reaccionamos a su éxito con la misma perplejidad con la que yo veía desfilar a aquel elenco de estrellas superdesconocidas por la calle de Saint-Denis.

La extrañeza que el desfile de vedettes —siempre elegantemente vestidos, casi nunca a la moda— produce en los forasteros es una respuesta cultural genial a un problema político: salvaguardar el carácter de Quebec como una de las sociedades poscoloniales más privilegiadas, como una Escocia en la que los escoceses hablaran todavía gaélico y fueran tan ricos como los suizos. Durante la mayor parte del siglo xx, los francófonos se sintieron como unos invitados inoportunos en una fiesta donde eran mayoría. A pesar del paso de los siglos, su conquista seguía escociendo, sobre todo porque la clase empresarial inglesa —en connivencia con el gobierno canadiense y con una Iglesia católica francesa represiva— ejercía un control férreo sobre el acceso al dinero y el poder. Los hablantes monolingües franceses veían frenado su acceso a mejores empleos, y si la Constitución no hubiera protegido la educación en francés, seguramente el idioma habría desaparecido, como ya sucediera en Luisiana y en la mayor parte de los reductos francófonos de Canadá. Pero la década de 1960 trajo consigo la Revolución tranquila, una serie de revueltas que pretendían desbancar el moralismo de la Iglesia y la hegemonía inglesa. Hubo incluso un Front de Libération du Québec (FLQ) que hizo estallar varios artefactos explosivos y finalmente cometió un asesinato político que llevó al primer ministro más guay de la historia de Canadá, Pierre Trudeau, a declarar poco menos que la ley marcial cuando Céline todavía era una niña. El líder del FLQ, Pierre Vallières, había escrito un manifiesto a lo Franz Fanon titulado *Nègres Blancs d'Amérique*. Y si bien la población rechazó de forma abrumadora la decisión violenta del FLQ de convertirse en los Panteras Negras de Quebec, muchos tuvieron la sensación de que la analogía de Vallières era tan solo una leve exageración.

El legado de esa era es un consenso nacionalista que oscila entre la socialdemocracia cosmopolita y el provincianismo más enconado. La revolución llevó a dos referendos fallidos de separación de Canadá, en 1980 y en 1995. (El partido separatista ocupa el gobierno mientras escribo esto.) Pero si nadie volvió a optar nunca por la violencia fue en parte porque la revolución fue tranquila, pero no fue silenciosa: contó con un ala cultural sin pelos en la lengua, liderada por el sector musical.

La cultura pop quebequesa anterior a los sesenta bebía de los espectáculos de variedades, herederos del apogeo del vodevil durante los agitados años veinte en Montreal, una ciudad que no conoció la ley seca. A mediados de la década de 1960 se produjo el estallido del ye-yé y de las versiones francesas de los temas rock de la British Invasion. El futuro marido de Céline, René Angélil, dejó el instituto para convertirse en una estrella de segunda fila en Les Baronets, una banda que imitaba a los Beatles. Pero a finales de la década, la provincia estaba plagada de *boîtes à chansons*, clubes donde los trovadores cantaban poesía combinada con eslóganes de liberación y alegorías sobre el paisaje invernal. En la década de los setenta esos *chansonniers* se habían convertido ya en estrellas, Gainsbourgs y Dylans de cosecha propia (la mayoría eran hombres). La *chanson* de Quebec se convirtió en la banda sonora del nacionalismo. «Gens du pays», de Gilles Vigneault, es tan popular que en Montreal se canta en lugar del «Cumpleaños feliz». Además es más fácil de corear: *«Gens du pays | C'est a votre tour | De vous laisser parler d'amour».* 'Gente de este país, ha llegado el momento de que os permitan hablar de amor'. (¿Puede ser casualidad que, años más tarde, una cantante de Quebec titule uno de sus discos *Let's Talk About Love*?)

Los habitantes de Quebec se cuentan entre los más ávidos compradores de discos del mundo, por lo que las discográficas internacionales se desvivieron por contratar a *chansonniers*.

Pero eso creó una división en la industria musical local, ya que el entusiasmo de las zonas trabajadoras y rurales de Quebec por los intérpretes del antiguo pop de variedades (mayoritariamente mujeres que más tarde inspirarían a la joven Céline Dion) nunca disminuyó. Line Grenier, profesora de comunicación en la Université de Montréal especializada en el pop de Quebec y particularmente en el «fenómeno Céline», me expuso la situación: «La industria estaba realmente dividida entre la *chanson* —intelectual y de izquierdas— y el pop de variedades. Se canalizaba a través de dos redes totalmente diferentes, dos grupos de discográficas distintos y dos estilos distintos de gestión profesional».

Todo ello se tradujo en la distinción entre cantantes puramente «comerciales» e intérpretes «profundos», tan presente en nuestros debates actuales sobre música. Sin embargo, en ese contexto tuvo unas consecuencias opuestas a las de la mayoría de los mercados pop: los *chansonniers* artísticos no solo se llevaron las buenas reseñas, las citas en discursos políticos y la atención en los conciertos de la Fête National, sino también los mejores contratos discográficos. La mayoría de los intérpretes de variedades grababan para pequeños sellos locales, y no solo los críticos sino también los peces gordos del mercado discográfico los consideraban reliquias del pasado, *kétaines*, horteras y paletos. Cuando en 1979 la industria organizó sus propios Grammy, los premios Félix (bautizados en honor al pionero de la *chanson* Félix Leclerc), tuvo que incluir un «Premio del público» para que los cantantes de variedades se llevaran algún galardón.

Pero el referéndum de 1980 lo sacudió todo. La opción separatista salió derrotada por un margen lo bastante estrecho como para ahuyentar la confianza de los inversores en medio de una recesión internacional. La economía de Quebec no se recuperaría hasta dos décadas después. Las discográficas multinacionales se retiraron y abandonaron a todos sus artistas, con la excepción de un puñado de grandes estrellas. Para compensar, el gobierno de Quebec fundó y financió a una serie de discográficas, que se sumó a las discográficas locales dedicadas al pop de variedades. A partir de aquel momento, la música se convirtió en un negocio Made in Quebec: tal como explica Grenier, los ámbitos de la *chanson* y de las variedades, los snobs y los *kétaines*, seguían detestándose mutuamente, pero tuvieron que unirse para garantizar la reconstrucción. El debut de Céline se produjo en el contexto de esta industria desorientada.

Céline Marie Claudette Dion nació en 1968 en Charlemagne, un barrio católico y francófono de menos de seis mil habitantes situado a media hora al noreste de Montreal. Su viaje de la pobreza a la riqueza es típico del género: Céline, la menor de los catorce hijos de Adhémar Dion y Thérèse Tanguay (más tarde conocida como «Maman Dion»), tenía veintidós años menos que su hermana mayor. Los niños compartían una misma cama entre varios. Adhémar los mantenía a todos con un sueldo de 165 dólares a la semana, trabajando primero como carnicero y más tarde en una fábrica. El único elemento feliz dentro de la familia era la música —todos tocaban algún instrumento— y con el tiempo los Dion ahorraron lo suficiente para alquilar un piano bar, donde los niños atendían las mesas y, por turnos, se dedicaban a cantar. Desde los cinco años eso incluyó también a la pequeña Céline. La niña vivía para actuar —«Para mí la vida real era cantar, no "dos y dos son cuatro"»— y a los doce años la familia la ayudó a grabar la demo de una canción que había coescrito junto a su hermano Jacques y a Maman Dion. Se la mandaron a René Angélil, conocido por ser el mánager de la artista de variedades pop de más éxito en los setenta, Ginette Reno. Después de perseguirlo durante un tiempo, lograron que les concediera una audición y, según cuenta la leyenda, en cuanto oyó la voz de Céline se echó a llorar y prometió convertirla en una estrella.

Las posibilidades con las discográficas eran inexistentes, de modo que René, jugador empedernido, hipotecó su casa para publicarle un disco. La radio de Quebec dijo que sus baladas sensibleras eran apropiadas solo para residencias de ancianos, pero en cambio cuajó como novedad en Francia, que la mandó como representante del país al Yamaha World Popular Song Festival de Tokio en 1982. Ganó y, como suele suceder en Canadá, los elogios internacionales multiplicaron su prestigio *chez nous*. Enseguida vendió cientos de miles de discos en Quebec, y se marchó de gira por todo el mundo. Pero las élites de la *chanson* ni se inmutaron. Cuando en 1984 cantó para el Papa Juan Pablo II en el Estadio Olímpico de Montreal, su interpretación revivió los recuerdos de la sumisión de Quebec a la Iglesia. Como más tarde escribiría Konrad Yakabuski, el corresponsal en Quebec del periódico de Toronto *Globe and Mail* (donde trabajo actualmente), «la señora Dion, con su familia católica de dos dígitos, [...] fue objeto de escarnio por parte de los círculos culturales post Revolución tranquila». Incluso el que más tarde se convertiría en su marido admite que nunca fue una niña mona: su pelo alborotado y sus dientes torcidos hicieron que *Croc*, la revista satírica de Quebec, la bautizara como «Canine Dion», la viva imagen de los palurdos blancos de la provincia, siempre flanqueada por un mánager de mala fama y una madre hortera que la acompañaba a todos los conciertos. Como el encuestador Jean-Marc Leger le dijo a Yakabuski, «no es solo que el público la percibiera como una *kétaine*; es que era una *kétaine*». Años más tarde, Dion estallaría en lágrimas en la televisión de Quebec al recordar el trato que los medios le habían dispensado al inicio de su carrera.

¿Cómo se libró de aquel estigma? Por fases. Céline formaba parte de una larga saga de niños estrella quebequeses, que incluía también a los hermanos René y Natalie Simard, cuyo programa televisivo de variedades de los setenta era el equivalente quebequés del programa de Donny y Marie Osmond. Estas figuras infantiles, sin embargo, rara vez se forjaban una carrera adulta. Angélil se dio cuenta de que Céline necesitaba cortar por lo sano. Durante una pausa de dieciocho meses a mediados de los ochenta, Dion se puso fundas en los dientes, tomó clases de canto y trabajó un repertorio nuevo. Su regreso se produjo en 1987 con el susurrante single dance-pop «Lolita», un tema a lo Madonna, menos sugerente de lo que su título daba a entender, pero que ya presagiaba acontecimientos futuros con una historia de una adolescente que se enamora de un hombre mayor. En el vídeo vaga embobada, ataviada con una falda de cuero y una hebilla de cinturón que parece hecha a base de discos de oro, mientras contempla con mirada nostálgica castillos antiguos sobre cimas montañosas.

Sus días como niña estrella habían quedado atrás, pero conviene no perder de vista que Céline siguió siendo esa niña que pasó directamente del seno de una numerosísima familia de provincias a una escuela de pop para señoritas dirigida por un empresario con el que, como tantas jóvenes aspirantes a estrella, terminó casándose. Más que ninguna otra celebridad, con la excepción tal vez de Michael Jackson, Céline nunca conoció ninguna fase autónoma, nunca vivió en lo que la gente llama el mundo real, ni siquiera en esa versión invernadero que es el instituto. Debía soportar otros pesos sobre sus hombros (aparte de las hombreras).

Céline empezó a estudiar inglés tal como estipulaba el contrato que había firmado con CBS (la futura Sony), para promocionarse fuera del universo discográfico quebequés. Pero el *timing* no fue el más adecuado: su primer disco en inglés, *Unison*, salió en 1990, justo cuando el fracaso del acuerdo constitucional de Meech Lake exacerbó la grieta existente entre Quebec y el Canadá anglófono. La decisión de eliminar la tilde de su nombre en la portada no pasó desapercibida.

Céline había ganado montones de premios Félix, pero *Unison* le valió una nominación como mejor artista anglófona. En Quebec eso equivalía a una declaración de guerra, y su respuesta fue inusitadamente agresiva: rechazó el premio ante las cámaras, en directo, y dijo: «No soy una artista anglófona. [...] Cuando voy por el mundo siempre digo que soy una *Québécoise* orgullosa». Algunos anglófonos se ofendieron, pero el mensaje quedó claro. Sus palabras calmaron a Quebec y al año siguiente la categoría se rebautizó como «Artista más ilustre de Quebec en un idioma que no sea el francés» (aunque algunos observadores comentaron en tono jocoso que también podrían haberlo llamado Premio Céline, para abreviar). El asunto generó ciertas dudas en el resto de Canadá, donde su fama se cotizaba al alza con singles de títulos tan apropiados como «Where Does My Heart Beat Now?».* Céline tranquilizó a esa parte con otro episodio extemporáneo: durante su actuación en el pabellón de Canadá en la Expo '92 en España, anunció: «Estoy en contra de cualquier forma de separación, y si puedo hacer algo por evitarla, lo haré». Entre una afirmación y la otra, neutralizó su paso al inglés y adoptó la prototípica postura quebequesa consistente, como suelen decir los humoristas, en defender un Quebec independiente dentro de un Canadá unido. Sea como fuere, desde entonces, rara vez se ha visto cuestionada en tanto que *Québécoise* genuina.

Al fin y al cabo, Céline es el primer puesto de la avanzada de Quebec en Estados Unidos, país que los quebequeses detestan por su política exterior, aunque adoran a Elvis y a Mickey Mou-

---

* ¿Dónde late ahora mi corazón?

se como los que más. Ella y René, como muchos quebequeses, se convirtieron en *snowbirds*,* con una residencia de invierno en Florida, y fundaron una cadena de restaurantes llamada Nickels, con franquicias construidas según el estilo de la arquitectura Googie y convertidas en templos a la hamburguesa con interiores de piel artificial, escarpines y rock and roll de los cincuenta, todo ello acompañado de objetos que homenajeaban la figura de Céline. El momento culminante se produjo durante la emisión de los Grammy de 1997, cuando pronunció unas palabras en el argot *joual* de Quebec, incomprensible incluso para la mayoría de los hablantes de francés del resto del mundo. Como escribió Yakabuski, «delante de Estados Unidos y del mundo, la señora Dion les demostró a los quebequeses que existen». El entonces primer ministro, Lucien Bouchard, declaró que Céline era «la mejor embajadora» de Quebec. En palabras de Grenier, Céline se había asegurado uno de sus papeles definitorios en Quebec: el de «heroína nacional».

El año siguiente, la industria local le concedió la aprobación definitiva y la invitó a presentar los Félix de 1998 junto a René Simard, uno de los ídolos de su infancia, y el *chansonnier* Jean-Pierre Ferland. El punto culminante de la ceremonia fue un sketch en el que Céline y el imitador André-Philippe Gagnon encarnaron a los personajes Môman (mamá) y Pôpa (papá) de la popular serie *La petite vie*, uno de los éxitos televisivos más raros de la historia, una sitcom dirigida a las familias trabajadoras, similar a *Roseanne* pero más anárquica y grotesca, con actores maquillados y barbas postizas, una especie de *Simpsons* con actores de verdad. En el sketch, el Pôpa Gagnon decía que quería «apuntar alto», como René Angélil, y convertir

* Literalmente, aves migratorias. Término aplicado a los habitantes de las partes frías de América del Norte que pasan la mayor parte del invierno en regiones cálidas de Estados Unidos o del extranjero. *(N. del t.)*

a Môman en una estrella. La prensa se mostró encantada: «Céline como Môman: ¿qué más se puede pedir?». Grenier asegura que fue un momento crucial: la élite, que tanto la había repudiado, pudo finalmente reírse no de Céline, sino con Céline. La confianza de Quebec en sí misma había crecido tanto que no solo se atrevía a mostrar su rostro más cutre, incluso le daba un beso con lengua. Y la actuación de Céline como Môman supuso un guiño a la pequeña pueblerina que había conquistado el mundo.

Pero no todo era una cuestión simbólica. Céline también mejoró musicalmente.

A quien haya escuchado a Céline Dion cantando en francés le costará creer que se trate de la misma cantante. Sus cadencias son mucho más flexibles y controladas y sus interpretaciones más delicadas. La intérprete insulsa que reducía muchas de sus canciones en inglés a un simple ejercicio de acrobacia vocal desaparece sin dejar rastro, y en su lugar encontramos lo que solo podemos llamar una cantante con alma.

¿Es posible que su material en inglés se resintiera a causa de un simple problema de comprensión? No puede ser tan sencillo, ya que sus primeras obras en francés pecan exactamente de los mismos excesos. Pero con los años, su selección de piezas y arreglos en francés fue evolucionando. El efecto, y tal vez el objetivo, fue desdibujar las fronteras entre el pop de variedades y la *chanson*, y, de paso, entre Céline y la respetabilidad.

No es casualidad que ese proceso se iniciara justo después de que empezara su carrera en inglés. Céline dedicó su siguiente álbum en francés, publicado en 1991, a la música de Luc Plamondon, un respetado cantautor de Quebec, famoso en Francia por su musical rock *Starmania*. La versión de Céline de una de las canciones de dicho musical, que se convirtió en su primer número uno en Francia desde hacía años, trataba un tema muy alejado de lo que uno esperaría: «Un garçon pas comme les autres (Ziggy)» habla del amor no correspondido de una chica hacia «un chico que no es como los demás», pero termina de forma feliz cuando ella se resigna a salir con él a bailar... en bares de gays. Céline acababa de regalar al mundo la primera balada mariliendre. A continuación, para el exitosísimo *D'Eux* (1995), y posteriormente también en *S'il suffisait d'aimer* (1998), hizo dúo con Jean-Jacques Goldman, un *chansonnier* al que muchos consideran el Bruce Springsteen francés (un artista que pocos angloparlantes asociarían con Céline). Se dice que este le pidió a Céline que aprendiera a *dechanter* —a cantar suavemente y no a grito pelado— y que aportó más variedad a su repertorio, con texturas narrativas y de country-folk. Los temas de Goldman también pueden resultar sorprendentes, con una canción sobre el sida («L'amour existe encore») y otra sobre una inmigrante franco-argelina que se alegra de haberse librado del velo pero que echa de menos a los paisanos que ha dejado atrás («Zora sourit»). Es posible que estas alianzas obedecieran básicamente a la credibilidad de Plamondon y Goldman en Francia, que no había recibido con demasiado entusiasmo la figura de Céline en su etapa postestrella infantil, pero no hay duda de que Céline y René son más sensibles a los matices de su lengua madre, sobre todo porque en francés el éxito de una canción depende mucho más de su calidad lírica.

El corolario es que la calidad musical a menudo parece importar menos, tal como atestiguan décadas de chistes y burlas sobre el rock en francés. Dejando a un lado la *chanson* y sus tendencias literarias, los mercados pop franceses han ido con retraso incluso cuando el cine, la literatura y el arte galos iban a la vanguardia de la innovación. Recientemente el tecno francés ha ayudado bastante a que la música se soltara un poco, pero el enigma de por qué el pop en francés es siempre tan malo es uno de esos imponderables (¿será por el ritmo de la lengua?) que alimentan los artículos de la sección sobre arte de los dominicales.

Eso podría explicar por qué Céline necesitó tan solo unos pocos ajustes para tender puentes entre la *chanson* y el pop de variedades: la supuesta diferencia entre ambos era una exageración. No es que Céline se convirtiera en una *chanteuse* auténtica (no escribir sus propias canciones sigue jugando en su contra), pero las diferencias dejaron de importar tanto. De pronto podía reclamar para sí todo el boato institucional que la *chanson* había monopolizado durante la década anterior. Poco a poco, afirma Grenier, el término fue perdiendo su mística y fue revirtiendo hacia su significado genérico: canción. Ese cambio propició la apertura de la música pop de Quebec, que hoy es mucho más ecléctica, con más influencias de las «músicas del mundo», más bilingüismo (incluso dentro de una misma canción), con modalidades diversas de rock y una creciente escena hip-hop. Céline no puede atribuirse todo el mérito —algunos de estos artistas se consideran su némesis—, pero sí merece reconocimiento por haber ayudado a subvertir las normas.

Y lo mismo puede decirse del resto de la cultura de Quebec en general.

En Quebec, burlarse de Céline nunca ha pasado del todo de moda. En 1994 hubo bastantes reacciones negativas cuando se casó en Montreal con René, en una «boda real» ridículamente pomposa, a lo princesa Diana. En 2006 la gente se hartó tanto de la exagerada atención que los medios dedicaron al vigesimoquinto aniversario de su carrera que un magazine televisivo emitió un programa especial para intentar determinar si todavía se podía criticar a Céline y René en público. El semanario de tendencias *Voir* declaró hace ya tiempo que no iba a cubrir más noticias relacionadas con ella, y el crítico de arte del periódico intelectual *Le Devoir* no deja pasar ni una ocasión de ridiculizar a una intérprete a la que considera lo peor de la homogeneidad globalizada y de la que se mofa constantemente colgándole apodos como «Miss Tupperware».

Pero, como señala Line Grenier, la mayoría de los quebequeses que detestan a Céline (entre ellos el cuñado de la propia Grenier) últimamente acompañan sus críticas de alguna reserva: «Sí, pero...»; pero lleva tanto tiempo en el mundillo; pero trabaja tan duro; pero la han tratado siempre con tanta dureza...

«Preferirían no hacerle caso», afirma Grenier, «pero no pueden, porque siempre está ahí. No creo que pase una semana sin que aparezca alguna mención a Céline en los medios generalistas, no siempre relacionada con su carrera, también con noticias de lo más variadas. Eso afecta a la opinión de la gente sobre si es o no es *kétaine*».

Junto a su papel diplomático como heroína nacional, explica Grenier, Céline brinda a Quebec un modelo de «emprendedora feliz», no solo por su carrera musical y los múltiples productos que de ella derivan (chocolate de calidad, gafas de sol, perfume), sino también por sus obras benéficas (en particular en la lucha contra la fibrosis quística, una enfermedad que se cobró la vida de una sobrina suya) y, de forma más sutil, por su autodisciplina (sin ir más lejos, Céline puede pasar semanas sin hablar para proteger sus cuerdas vocales). La empresa de Céline y René, Les Productions Feeling, da trabajo a gran parte de la familia de la cantante y a una multitud de *Québécois*, algo que no pasa en absoluto desapercibido para sus compatriotas. De hecho, Céline es una de las principales exportaciones de la provincia junto con el Cirque du Soleil (que la acompaña en su espectáculo de Las Vegas) y los espectáculos teatrales vanguardistas del director Robert Lepage. Estas iniciativas culturales han allanado el camino a «Quebec, Inc.», un nuevo nacionalismo menos preocupado por la soberanía que por blindar la autonomía de Quebec con un dinamismo que goce de proyección exterior. Actualmente el sonido de Céline importa menos que el hecho de que una empresa de software de Quebec sea capaz de emular su *savoir-faire* global. Se trata de un cambio sustancial teniendo en cuenta que venimos de una Revolución tranquila, del sueño socialista de una «Cuba del norte».

Sin embargo, la ineluctable naturaleza quebequesa de Céline sigue constituyendo un freno para el público angloparlante de todo el mundo. Cuando en 2003 el escritor británico A. A. Gill publicó una diatriba anti-Las Vegas en *Vanity Fair* en la que atacaba su «horrible acento glótico franco-canadiense», sorprendió menos por su falta de educación que por estar excepcionalmente bien informado. Para la mayor parte del mundo angloparlante, el hecho de que Céline sea francófona sigue siendo algo vago, casi una afectación; que represente a toda una cultura que busca a tientas su camino hacia la autodeterminación es algo que se pierde por el camino. Céline está condenada a una alteridad pidgin que no le reporta la empatía de nadie ni le concede ningún atractivo exótico, pues muy pocos son capaces de ubicarla en las matrices raciales y étnicas estándar de América del Norte. Si no supera los tests de autenticidad de la mayoría de los no admiradores puede que no sea solo por haber crecido en el seno del mundo del espectáculo, sino porque sus referentes personales no figuran en ningún mapa y ni siquiera se contemplan. Su comercialismo no tiene un pase, a diferencia de, por ejemplo, un rapero que se obsesiona con «la pasta» o una cantante de country que le da gracias a Dios porque sus éxitos la rescataron de alguna chabola del sur. Quebec no existe en la imaginación popular, y por eso a Céline se la juzga según los baremos de la clase media, para la que el término «vendido» es una buena vara con la que atizar a quienes se pasan de ambiciosos.

Cuando Céline habla en primera persona del plural —hemos conseguido tal cosa, esperábamos tal otra, decidimos hacer este disco— habla en nombre de sí misma, de René, de sus productores, de todo el clan Charlemagne y de lo que se conoce como el *Team Céline*, pero simbólicamente ese «nosotros» también incluye a toda la familia quebequesa. En el lugar de donde viene, la colectividad es importante y sus logros son los logros de todo un pueblo. Esa es una ética que cuadra con una estrella afroamericana, pero que se pierde en el caso de Céline: representa a un referente opaco y eso hace que su significado resulte ininteligible.

Y eso nos conduce de nuevo a la entrevista de Larry King. Las imágenes son un espectáculo, eso es innegable. Desde el primer momento, Céline, que acababa de donar un millón de dólares para las tareas de rescate en Nueva Orleans, fue incapaz de contener las lágrimas. Se le quebró la voz al rememorar cómo le había explicado el desastre a su hijo René Charles. Exigió saber por qué era tan difícil enviar helicópteros a rescatar a los habitantes de Nueva Orleans de los tejados cuando «es tan fácil enviar aviones a otro país y matar a todo el mundo en un segundo». Pero el plato fuerte fue su panegírico sobre los placeres del pillaje: «Vale, roban veinte pares de vaqueros y televisores. ¿Qué más da? ¡No van a llegar muy lejos! [...] Algunas de las personas que hacen eso son tan pobres que no han tocado nada en su vida. ¡Que toquen todas esas cosas por una vez!».

A continuación, con una falta de delicadeza escandalosa, Larry King le preguntó si tenía una canción para la ocasión.

Céline no se arrancó con «Eat the Rich» de Motörhead, sino que se enjugó las lágrimas e interpretó el tema «A Prayer», que había grabado con el cantante de ópera ciego Andrea Bocelli, ronroneando devotamente la estrofa *a place where we'll be safe*.*

«Que toquen todas esas cosas» pasó inmediatamente a formar parte de los anales de las frases hilarantes de famosos, mientras que el himno engrosaba las filas de la mojigatería del mundo del espectáculo. Pero cada segundo de su intervención fue la quintaesencia de lo *Québécois*: la postura proamericana pero anti-Washington, la conciencia de clase (¿qué otra estrella de pop blanca no solo excusaría sino que incluso defendería a los negros pobres que saquean tiendas?) y la intensa identificación con Nueva Orleans, que Quebec considera al mismo tiempo un referente en la pérdida del idioma y una avanzadilla familiar de la *joie de vivre* en medio de la terquedad de América del Norte. Le quitó importancia al millón de dólares de su donativo, como si fuera lo menos que podía hacer un empresario feliz, y cantó cuando se lo pidieron, como una obediente hija de la nación siempre dispuesta a poner sus talentos al servicio de la causa.

La mayoría de los espectadores no percibieron el vínculo entre los *nègres blancs* de Quebec y los negros criollos de Nueva Orleans, y por eso el estado de ánimo de Céline les pareció desproporcionado. Pero visto bajo ese prisma resulta tan razonable culturalmente como cuando, una semana más tarde y ante las cámaras de televisión, el rapero Kanye West estalló y dijo que «a George Bush le da igual la gente negra».

* Un lugar donde estaremos a salvo. *(N. del t.)*

4

Hablemos de conquistar el mundo

El paso de Céline Dion por todas las estaciones de la cruz (en forma de flor de lis) de Quebec, un peregrinaje que la llevó de ser una hortera de vergüenza a convertirse en un emblema de la autorrealización nacional, narra una historia de lo que Line Grenier denomina la «utilidad del pop global». En cambio, habla mucho menos acerca de la globalidad del pop global. Podría argumentarse que la rehabilitación de Céline en su país refleja hasta qué punto Quebec se siente cómodo acompañando a la apisonadora de la cultura única anglo-americana mientras esta va aplastando el mundo y arrasando culturas como si fueran hectáreas de bosque, despejando el terreno para un Starbucks en cada desembocadura fluvial y un McDonald's en cada cruce de carreteras desierto. Ciertamente, haberse convertido en una sigilosa agente de la globalización es la acusación más grave que los intelectuales de Quebec pueden lanzar contra Dion.

Es posible que quienes protestan contra la «Coca-Colonización» centrándose en Arnold Schwarzenegger o Britney Spears focalicen demasiado su atención en el elemento visual, pues Céline Dion ha mostrado igual ímpetu a la hora de perforar los tímpanos globales. A mediados de 1990 el proceso hacía ya tiempo que se había iniciado, pero la infección adquirió proporciones de epidemia cuando Céline subió a bordo del último barco del amor planetario, el *Titanic*. Coincidiendo con la publicación internacional de *Let's Talk About Love*, el vicepresidente de marketing senior de Sony Music Europa, Richard Ogden, declaró a la revista *Music & Media*: «Creemos que este es el mayor lanzamiento de la historia de Sony Music, mayor incluso que el de *HIStory Part 1* de Michael Jackson». La campaña inicial costó 845.000 dólares e incluyó una conexión de vídeo transatlántica entre Céline, desde Montreal, y fans y medios de comunicación en Londres, París y Colonia.

Pero más chocantes aún son las anécdotas relatadas por los turistas y viajeros que regresaban del Tercer Mundo o los resultados de una búsqueda en Internet que incluya el nombre de la cantante y cualquier país del planeta. He aquí algunas muestras:

- Becca Costello, *Sacramento News & Reviews*, 30 de junio de 2005:

> Unos días después de regresar de un viaje de dos semanas por el norte de China, una amiga me preguntó: «¿Cuál es la principal idea errónea que tienen los chinos sobre Occidente?». [...] Mientras buscaba una respuesta me acordé de algo que había observado con suficiente frecuencia como para sospechar que se trataba de una especie de histeria colectiva que se había apoderado de todo el país. Bajé el tono de voz y confesé el secreto más vergonzoso de China: «Los chinos creen que Céline Dion hace buena música». [...] De entre todo el catálogo de músicos estadounidenses, canadienses y británicos, los chinos parecen tener preferencia por cuatro artistas: Dion, Mariah Carey, Elton John y Kenny G. Y ¡ay de ti si mencionas a Madonna!: como me dijo una universitaria que estudia filología inglesa, «es demasiado escandalosa».

- El bloguero Michael Dumlao, de viaje por Ghana (fecha poco clara):

  Como si se tratara de Jesús, Céline está por todas partes en Ghana. [...] Lo más destacable del alcance arácnido de Céline es que ha logrado seducir a todos (desde jefes estoicos hasta artesanos que no saben nada de tendencias, pasando por adolescentes y todos los taxistas del país).

- Un artículo de febrero de 2007 en *USA Today* afirma que Céline, Bryan Adams y Lionel Richie han ayudado a popularizar San Valentín en Ghana, donde tradicionalmente las muestras públicas de afecto entre parejas no casadas se han considerado tabú.

- El 14 de diciembre de 2003, un artículo de *Observer Music Magazine* cita a Roa'a al Gharab, un joven iraquí de veintidós años: «Hay mucho dolor y separación en las canciones iraquíes. Generalmente, la música occidental que nos gusta es lenta: Michael Bolton, Céline Dion...».

- Richard Lim, editor de la sección de entretenimiento del *Straits Time*, de Singapur, el 31 de mayo de 1998:

  Es imposible esquivar «My Heart Will Go On» en Singapur o en cualquier otro lugar. La oyes en todos los bares de karaoke, en la radio y en los centros comerciales. El miércoles pasado, en un concierto en el Indoor Stadium (para el que se agotaron todas las entradas), la diva taiwanesa Zhang Huimei la incluyó en el repertorio, y muchos de los asistentes la corearon entusiasmados.

- Una noticia de National Public Radio de marzo de 2000 sobre el «estado cambiante de la música en Irán» menciona a Alahai Hamedi, una excantante de ópera de Teherán que, arriesgando su integridad personal, daba clases de canto a niñas basándose no en el repertorio iraní ni en el repertorio occidental clásico, sino en canciones de Whitney Houston, Barbra Streisand y Céline.

- En 2000, el *Ottawa Citizen* hizo referencia a una serie de documentos que revelan que, durante una visita oficial a China en 1998, la entonces ministra de cultura canadiense Sheila Copps recibió una petición formal para que Céline realizara una gira por el país. «Trasladamos la petición», admitió un secretario de prensa canadiense, pero el equipo de Céline respondió que no era posible en aquel momento. La misión de Copps consistía básicamente en intentar convencer a su homólogo chino, Sun Jiazheng, de que «se uniera a la batalla» para «garantizar la diversidad cultural en un mundo cada vez más globalizado».

- El 21 de abril de 2003, el *Chicago Tribune* informó de que la influencia cultural más visible en Afganistán era la película *Titanic* y, de rebote, Céline. La mayoría de los habitantes de la ciudad ya habían visto la película a través de copias ilegales cuando el régimen talibán todavía estaba vigente, pero «ahora, en el mercado central [de Kabul], los vendedores ofrecen repelente de mosquitos Titanic, espray corporal perfumado Titanic, espray corporal perfumado éxtasis de amor Titanic... Si algo es grande, es Titanic. Los pepinos y las patatas grandes se venden como "verdura Titanic". Las populares sandalias de suela gruesa se llaman "zapatos Titanic"». De fondo, las cintas de Céline sonaban con fuerza en las cadenas de música de muchos de los puestos del mercado.

Y eso sin mencionar a todos los amigos y conocidos que me han contado que en Kazajstán, Japón, Argentina o donde fuera, cuando los habitantes del lugar descubrían que eran canadienses, respondían con un «¡Ah, Céline Dion!». ¿Hay algún territorio inmune al supuesto encanto de Céline? Bueno, *Billboard* informó de la frustración de Sony ante la incapacidad de hacer que su figura creciera en Alemania...

A diferencia de muchos músicos, que por lo general se consolidan primero en la escena local y luego intentan ampliar su alcance, Céline actuó desde el principio como si el planeta entero fuera su escenario. A su victoria de 1982 en el concurso de Tokio (hoy ya desaparecido) le siguió una victoria mucho mayor en 1988 representando a Suiza en Eurovisión, las Olimpiadas Cursis de la música pop, que con sus cinco décadas de longevidad se ha convertido en el acontecimiento musical más visto del planeta, con una audiencia anual estimada de 300 millones. En Eurovisión solo se presentan melodías optimistas, animadas, canciones de no más de tres minutos que deben reflejar de algún modo el alma del país al que representan y, al mismo tiempo, evitar cualquier muestra de chovinismo. Aunque en los comienzos del concurso los intérpretes iban ataviados con los respectivos trajes regionales y cantaban en sus lenguas nativas, en los últimos años las cadenas de televisión que gestionan los derechos han introducido el requisito de que las canciones se interpreten en un «idioma internacional» para asegurar su viabilidad comercial, de modo que hoy predominan los temas en inglés y en francés. Si el lector ha visto alguna vez un programa de variedades de la televisión italiana, con sus rubicundas azafatas y sus presentadores repeinados, puede hacerse una idea de la estética general. Como escribió el fan británico de Eurovisión Mike Atkinson en 1996 para Slate.com, «Eurovisión no tiene nada de *cool*; de hecho, suele ir diez años (por no decir veinte) por detrás de las modas». El vestuario es «florido», las rutinas de baile, «frenéticas», y los géneros más habituales son las *power ballads*, el pop trivial, los himnos a la tolerancia internacional y lo que Atkinson denomina «melodías de "folk étnico-etéreo", con coreografías a lo Riverdance, violines zíngaros, gaitas y demás». No obstante, como él mismo observa, «este conservadurismo estilístico asegura complacer de forma continuada a un público tradicional, multigeneracional y familiar que está desapareciendo a marchas forzadas en esta era de segmentación multicanal». Eurovisión está hecho para Céline y Céline para Eurovisión. Fue la favorita en las apuestas desde el principio.

Pero su dominio del mundo no se limita a su estatus como participante perfecta en todos los concursos de talentos del planeta. También emuló a Whitney Houston y a otras divas asegurándose de que todos sus discos en inglés de la década de 1990 tuvieran algún vínculo con Hollywood: en 1992 cantó con Peabo Bryson el tema principal de *La Bella y la Bestia*; para promocionar su disco *The Color of My Love*, de 1993, incluyó «When I Fall in Love» en la banda sonora de *Algo para recordar*; para el disco *Falling into You* fue la película *Íntimo y personal*; y, naturalmente, para *Let's Talk About Love* fue *Titanic* (aunque por los pelos: no fue nada fácil convencer a James Cameron de que necesitaba una canción central, e inicialmente Céline detestaba «My Heart Will Go On»). Este tipo de proyectos no solo le permitían beneficiarse del sistema de distribución cinematográfico, sino que también le ofrecían una audiencia global en los Oscar. Cantar en las Olimpiadas de Atlanta de 1996 tuvo un efecto similar.

No obstante, tal como señala Mashahiro Yasuda, de la Universidad de Leicester, en su artículo de 1999 *«Localising Dion»*, el *Team Céline* ha ido mucho más allá de las estrategias estándar de seducción internacional: se ha coordinado con los departamentos de artistas y repertorio de Sony en todo el mundo para crear singles, canciones extra y colaboraciones con todos los grandes mercados. Según A. Miyai, un representante de Sony en Japón entrevistado por Yasuda, en los comienzos de la carrera de Céline la empresa estaba convencida de que «no iba a ser posible crear otra estrella musical de Hollywood más allá de las que ya existían, como por ejemplo Michael Jackson». Los mercados globales requerían otro enfoque. Sony pidió ideas a todas sus oficinas. En Francia, Céline colaboró con Jean-Jacques Goldman. En Japón, donde la música local dominaba el 70 % del mercado, «se aplicó una estrategia casi sin precedentes, consistente en promocionar a Céline Dion a través del género generalista japonés *kayou-kyoku*, que suele basarse en combinar canción e imagen en anuncios de televisión y telenovelas». Las canciones *kayou-kyoku* se trasladan inmediatamente también al mundo del karaoke, algo que «excluye casi de forma sistemática los catálogos internacionales, cuyos derechos periféricos resultan más difíciles de explotar». En 1995, Céline y el productor David Foster se reunieron con los productores de una telenovela romántica que se emitía en Fuji TV para crear un tema musical. «To Love You More», con acompañamiento de Kryzler and Kompany, una banda de Sony en Japón, se convirtió en el primer single interpretado por un artista extranjero en alcanzar el número uno en Japón en doce años.

Muchos otros artistas imitarían su estrategia, pero este es el ejemplo más extremo de cómo Céline se puede adaptar a cualquier público local. Cuando Latinoamérica era un punto débil, empezó a grabar canciones en español, entre ellas «Amar haciendo el amor», que se incluyó en algunas ediciones de *Let's*

Talk About Love. Campañas de publicidad, giras, especiales televisivos y singles se diseñan teniendo en cuenta las exigencias
culturales de cada mercado. En 1999, mientras preparaba el disco de grandes éxitos de Céline, Sony se dio cuenta de que iba
a tener que publicar varias versiones para reflejar las diferentes
Célines a las que estaban acostumbrados los públicos de cada
parte del mundo.

Desde luego, este capitalismo esperanto-pop no nació con
ella: basta con fijarse en la griega Nana Mouskouri, que entre la década de los sesenta y los ochenta publicó una serie de
discos que parecen minicursos Berlitz de idiomas. Pero Céline es una ciudadana moderna modélica, en parte porque no es
estadounidense. Otras voces canadienses han hecho lo posible
por convertirse en sus alumnos aventajados, con Shania Twain
añadiendo un disco extra a lo Bollywood a su disco *Up!*, de
2002, para los mercados internacionales, o Avril Lavigne, que
en 2007 publicó su hit *Girlfriend* en ocho idiomas, entre ellos
el mandarín, y apareció en un comic *manga* japonés. Valga decir que Avril también trabaja con Sony, que al fin y al cabo es
una empresa asiática. La idea de que las empresas multinacionales propagan una visión occidentalizada del mundo pasa por
alto que, cada vez más, dichas empresas no son occidentales.
El representante del departamento de artistas y repertorio de
Sony en Japón le dijo a Yasuda que su trabajo consistía en ir a
ver «a los artistas internacionales en los estudios de grabación
para hablarles de sus seguidores japoneses y de lo que estos es-
peran de ellos».

Ocasionalmente, Céline se ha mostrado irritada. En 1996,
declaró a la revista *Time*: «No quería cantar la canción en español. ¿Qué será lo siguiente? ¿Aprender japonés?». Pero dos años
más tarde cantó en japonés para otra telenovela de Fuji TV. En
1999, después de actuar en la pista de aterrizaje del aeropuerto
desmantelado de Kai Tak, en Hong Kong, le preguntaron du-

rante una rueda de prensa si estaría interesada en aprender chino, y ella respondió: «¡Sería fantástico! Me encantaría aprender todos los idiomas del mundo. Los artistas, los músicos, tenemos oído musical y eso hace que nos resulte más fácil aprender idiomas».

Esta tendencia se está convirtiendo en norma, aunque, como dice Yasuda, no responde al estereotipo de la Coca-Colonización. Hoy, cualquier artista de éxito tiene que convertirse, de forma figurada, en «artista local», y para ello tiene que cumplir con las convenciones de entretenimiento vigentes en otras partes del mundo. No se trata tanto de una homogeneización como de una hibridación de culturas. Como escribe Jan Nedeerveen Pieterse, del Instituto de Estudios Sociales de la Haya: «¿Cómo nos reconciliamos con el hecho de que haya chicas marroquíes que practican boxeo tailandés en Ámsterdam, que haya rap asiático en Londres, bagels irlandeses, tacos chinos, o indios que salen de carnaval en Estados Unidos...? Las experiencias culturales, pasadas o presentes, no han avanzado simplemente hacia la uniformidad y la estandarización culturales». Pieterse sugiere que estamos asistiendo a una «criollización de una cultura global». Y no se espera que dicha criollización vaya a adoptar una forma estándar. Ignorar los localismos, como los responsables de marketing de Céline saben perfectamente, es arriesgado. Asimismo, el modelo de hegemonía global presupone que no se producirá una influencia cultural recíproca en Occidente, pero estamos rodeados de pruebas que apuntan en el sentido contrario: actualmente, la música de los videojuegos asiáticos, por ejemplo, es una de las influencias más generalizadas entre los músicos de pop jóvenes. Y, como señala Pieterse, con la excepción de grupos indígenas aislados, civilización e hibridación son sinónimos desde hace siglos.

Esto no da respuesta a la explotación y la desigualdad, pero la idea de que el mundo tenderá a ser cada vez más parecido a nosotros es chovinista en sí misma. Contrariamente a los populares eslóganes del paladín de la globalización, Thomas Friedman, el mundo no es cada vez más «plano», no lo ha sido nunca y nunca lo será, a menos que lo observemos a través de una pantalla bidimensional. Pero algunos críticos occidentales de la hegemonía se limitan a presentar una imagen negativa de triunfalismo estadounidense. Lo que en el caso de George W. Bush son ilusiones sin fundamento, en el suyo es una visión apocalíptica. Y, no obstante, ambos actúan como si la destrucción de su propia cultura fuera inevitable, a pesar de que todo apunta a que se trata de algo improbable.

Parte de ese ensimismamiento se puede percibir en la expresión horrorizada con la que algunos testigos occidentales se refieren a la popularidad de Céline en China. Los relatos locales, por el contrario, son más sutiles y hacen referencia a cómo la música comercial se reubica en la vida cotidiana y se adapta a los propósitos personales de cada uno. Una de las historias más increíbles sobre la flexibilidad global de Céline me llegó de la mano del crítico musical jamaicano-estadounidense Garnette Cadogan, que asegura que la cantante es posiblemente la figura musical no nativa más importante en Jamaica. Y no solo entre las abuelas.

«Me encantaría poder darte una explicación más allá de que a los jamaicanos les encantan las melodías azucaradas, pero me temo que tendremos que conformarnos con eso», me escribió Cadogan.

Y los lugares donde te la encuentras en Jamaica son todavía más curiosos. Recuerdo asistir a un par de fiestas *sound-system* donde sonaba de todo, de Bob Marley a Kenny Rogers (sí, Kenny Rogers) pasando por Sade, Yellowman y Beenie Man, la música a todo volumen, mientras los asistentes bailaban y bebían como posesos. Pero en cuanto el DJ puso una canción de Céline Dion, la multitud enloqueció y hubo alguien que incluso disparó tiros al aire. [...] También recuerdo oír a Céline Dion a todo trapo siempre que pasaba por barrios conflictivos y peligrosos, hasta el punto de que si estaba en un barrio que no conocía y oía la música sensiblera de Céline Dion, me lo tomaba como una señal de que tenía que largarme, echar a correr o dar gas a fondo.

A veces he compartido esta anécdota con amigos jamaicanos, que me han comentado entre risas que ellos han tenido una experiencia similar. Al parecer, la regla no escrita es: «Si oyes a Céline Dion es que estás en el lugar equivocado». No digo que los pandilleros sean los únicos que aprecian y demuestran públicamente su predilección por *Saccharine* Céline. Es solo que, sea por la razón que sea, lo demuestran más que cualquier otro grupo.

Cadogan preguntó a su entorno, incluidos algunos pandilleros, y el motivo que le dieron fue que, «citando a un colega, "los tipos malos tienen que poner canciones románticas para demostrar que también tienen su corazoncito"».

Aparentemente, el Pentágono piensa lo mismo. En la época previa a la guerra de Irak, Estados Unidos cortejaba a los iraquíes con una emisora de radio que emitía música de Céline, la cara más tierna de Occidente, junto a estrellas de la música árabe, todo ello programado por personal estadounidense-iraquí en Washington. (Al parecer, los propagandistas hacen más caso a los informantes locales que las fuerzas de ocupación.) De hecho, mientras investigaba para escribir este libro me topé una y otra vez con comparaciones entre Céline y diversas divas de Oriente Medio. Incluso es posible que Céline las conozca: un artículo sobre la superestrella iraní Googoosh mencionaba que Céline había asistido a su concierto en Toronto.

No obstante, cuando se supo que parte de las técnicas de

«tortura sin contacto» ideadas por la inteligencia militar estadounidense para esquivar la Convención de Ginebra incluían bombardear día y noche a los prisioneros con *loops* de música a todo volumen —una práctica que debería repugnar a cualquier amante de la música—, encontré un montón de editoriales y entradas de blogs que comentaban jocosamente que «deberían ponerles música de Céline Dion»: eso, desde luego, permitiría doblegar al prisionero de guerra más recalcitrante. (Lo que harían, en realidad, sería utilizar una de las músicas preferidas de los torturados en su contra.) El artista Paul Chan visitó Bagdad en 2003 acompañando al grupo de activistas estadounidenses Iraqi Peace Team, y al volver declaró al *Omaha World-Herald* que allí «Céline Dion le gusta a todo el mundo, la ven como el súmmum de la tristeza. Sus canciones apelan al sufrimiento del pueblo iraquí». «Cuando lo pienso no puedo evitar reírme», añadió. «Porque eso los humaniza. Y cuanto más humanos parecen, más difícil resulta matarlos.» Se trata de un comentario paternalista, pero es mucho mejor que algunos chistes sobre torturas que parecen insinuar que el hecho de que les guste Céline supone un motivo más para matarlos.

Lo sorprendente de muchas historias acerca del arraigo internacional de Céline es lo conmovedoras que resultan. Pensemos si no en la gimnasta china Sang Lan, que quedó paralítica a causa de una caída durante los Goodwill Games de 1998 y a la que Céline visitó en su habitación de hospital en Nueva York, donde le regaló una actuación privada a capela. La revista *People* escribió: «Con ayuda de una intérprete, la tenaz joven de diecisiete años dice: "Cuando cante en Hong Kong el año que viene encontraré la forma de ir a verla, caminando si hace falta"».

Luego está el caso de la activista canadiense-iraní Neda Hassani, de veintiséis años, que se inmoló ante la embajada de Francia en Londres en junio de 2003 para reivindicar la liberación de varios líderes del movimiento de izquierdas Muyahidines del Pueblo de Irán, que se opone al régimen clerical iraní. (Tras su muerte, algunos salieron libres.) El reportaje del *Ottawa Citizen* sobre su entierro en el cementerio de Pinecrest, en Ottawa, termina así: «Rodeada por una magnífica montaña de flores marchitas depositadas días antes, durante el funeral de Hassani, y utilizando un improvisado sistema de megafonía, una niña cantó "My Heart Will Go On", de Céline Dion, y corrieron las lágrimas».

Finalmente, cuando pienso en cómo el impacto global de Céline complica mi comprensión de su figura y del mundo, me acuerdo de un barbero de Bagdad, también de veintiséis años, llamado Mohammed Ahmad Younis. En 2005 apareció en *Iraq Star*, la versión iraquí de *American Idol*, cuyo premio final era un contrato para grabar un disco y, con ello, un billete para salir de Irak. Los ciudadanos más militantes del país veían el programa como un sacrilegio, y los concursantes se exponían a recibir palizas y a verse condenados al ostracismo. De hecho, la novia de Younis lo dejó porque consideraba que se había apartado «demasiado de las actitudes convencionales». Pero aun así él decidió competir, bajo el seudónimo «Saif from Babylon», porque, según declaró a *Los Angeles Times*, «prefiero morirme y estar muerto que seguir vivo y estar muerto». Ataviado con gafas de sol, un peinado punk, pantalones de cuero de imitación, zapatos de plataforma, lentes de contacto azules y una camiseta negra de *Star Trek*, Younis interpretó una canción de la diva libanesa Fairuz, a la que siguió el bis, «My Heart Will Go On». Tras anunciar que se había clasificado para la siguiente fase, uno de los jueces le dijo: «Buen trabajo. Me he sentido como si estuviera en el *Titanic*».

Younis también debía de sentirse así. A veces es como si estuviéramos todos juntos en ese maldito barco.

5

Hablemos de la sensiblería

El Experience Music Project de Seattle, una sala de exposición de objetos pop e instalaciones musicales interactivas, es un recinto metálico construido por un multimillonario de Microsoft y un arquitecto superestrella, y diseñado de tal forma que visto desde el cielo parece la guitarra de Jimi Hendrix. También pierde dinero como un Rockefeller en una mesa de autopsias, una sangría que sus responsables han intentado detener reconvirtiéndolo en un museo dedicado al cine de ciencia ficción. Seguramente solo un edificio raro como ese puede alojar la EMP Pop Conference, que se celebra de forma anual y que reúne a críticos musicales, músicos, profesores, directivos de la industria discográfica y blogueros durante tres días de charlas dirigidas a frikis de la música. El tema de la conferencia de 2006 fue «Música y Vergüenza», y allí fue donde presenté por primera vez la idea de este libro, pero también donde nació una de las controversias sobre gustos más extrañas de la década, el gran debate «¿Es Stephin Merritt racista?». Decenas de artículos en blogs y prensa abordaron la calumniosa cuestión de si el menudo cantante neoyorquino gay del proyecto *indie* pop The Magnetic Fields era una especie de criptomiembro del Klu Klux Klan, después de que durante una sesión plenaria del EMC declarara que le gustaba «Zip-a-Dee-Doo-Dah», un tema de *Canción del sur*, el espectáculo *minstrel* animado de Disney de 1946. Sin embargo, parece que a los ávidos (y sordos) comentaristas que alzaron la voz para acusar a Merritt se les pasó por alto un pequeño detalle: también dijo que el espectáculo en sí le parecía despreciable.

Pero Merritt cometió una metedura de pata más grave: hablando de los métodos de estudio asociados a distintos géneros, dijo que se esperaba que un cantante *indie* blanco como él grabara con una voz «auténtica», y que la compresión de estudio y otros métodos de mediación eran lo que el público esperaba de la «música negra, como la de Céline Dion». Los asistentes se aprestaron a señalar que Céline ni era negra ni hacía «música negra»; Merritt se quedó algo aturdido y dijo que se había expresado mal y que lo que había querido decir era que la producción musical de Céline se parece a la de divas del R&B como Whitney Houston o Mariah Carey. El resbalón tuvo su gracia, porque Merritt pretendía criticar el subtexto de las convenciones que presentan a los cantantes blancos «cultos» como individuos con consciencia comunicativa y a los cantantes «pop» (a menudo no blancos) de forma más impersonal, como un instrumento más. Sin embargo, errar la identidad personal de la artista elegida como ejemplo acentuó aún más este punto.

En todo caso, yo no creo que el hecho de que se tratara de Céline fuera un mero accidente. Uno de los inquisidores *online* que atacaron a Merritt dijo que Céline era «rematadamente no negra». Se trata de una elección léxica reveladora: no dijo «rematadamente blanca», sino «no negra». Céline la *Québécoise* no encaja en el mapa de color de la música americana, y ese es uno de los motivos por los que el público internacional la acepta con los brazos abiertos. ¿Pero qué revela eso sobre su sonido? Aunque Céline realiza incursiones en el R&B y la música disco, sus mayores éxitos no encajan con la etiqueta de «música negra»; al mismo tiempo, tampoco hace música «rematadamente blanca», lo que suele conocerse eufemísticamente como «música vainilla». Céline apela a la emoción de forma demasiado agresiva y lacrimógena para compararla con músicos animados como Pat Boone, los Carpenters o ABBA. No es melosa ni almibarada. Así pues, si no se dedica ni al R&B, ni a la música vainilla, ni a los estándares o a la música de Broadway, ni al *bubblegum*, ni al country, y si solo se interesa ocasionalmente por el *crossover* clásico... ¿qué tipo de música hace?

La única etiqueta sencilla que se me ocurre es la de *música sensiblera*. No obstante, música sensiblera no es un género en sí: es una descripción aplicable a cualquier momento musical saturado de sentimentalismo. Sin embargo, si nos fijamos en los éxitos americanos de Céline, «Because You Loved Me», «It's All Coming Back to Me Now» o «My Heart Will Go On», la sensiblería parece menos una característica que el terreno general en el que se mueven: como sucede con los géneros, la sensiblería funciona como sistema organizativo. Así pues, si la música sensiblera es un género, ¿de dónde viene?, ¿cuál es su historia? Tal vez trazar su linaje me ayudaría a escucharla, del mismo modo que estar familiarizado con los solos de Sidney Bechet y Lester Young ayuda a descodificar a John Coltrane. ¿Cuáles son las raíces de la música sensiblera?

El término inglés que denomina este tipo de música es *schmaltz*, derivado del alemán *schmelzen*, que significa 'derretirse'. Sin embargo, el término se incorporó al inglés a través de la palabra yiddish que designa la grasa de pollo derretida. Adquirió el sentido estético que se le da en América de la mano de los inmigrantes de Europa central que hablaban yiddish y que llegaron a América del Norte a principios del siglo XX. Estos expatriados llevaron el teatro yiddish a los escenarios americanos y asumieron papeles relevantes en el género del vodevil, en Broadway y en el resto de la cultura popular de Nueva York. Sin duda debían de comentar entre ellos que una escena o una canción demasiado cargada de sentimentalismo era «*schmaltzy*», o que una actuación demasiado seca necesitaba un poco de «*schmaltz*», hasta que sus colaboradores no judíos adoptaron la expresión. La música popular americana sensiblera existía mucho antes de la introducción de ese término, pero el hecho de que una palabra no inglesa terminara designándola cuadra con el maridaje continuo entre la música sensiblera y la inmigración, siempre en la periferia del cisma central entre lo blanco y lo negro característico de la vida en América del Norte. Recordemos que *blanco* es un objetivo móvil: grupos étnicos como los irlandeses, los italianos, los judíos, los polacos, los portugueses, los francófonos, etcétera, terminaron convirtiéndose todos en *blancos*, pero en un primer momento, a ojos de sus vecinos descendientes de los británicos, no lo eran. Una genealogía de la sensiblería en América del Norte seguramente nos llevaría a seguir los pasos de varias culturas ni blancas ni negras a lo largo de décadas de semiasimilación.

Dicha historiografía escapa a mis posibilidades: se trata de un campo a la espera de un experto. No obstante, ese experto podría empezar por la música de salón del siglo xix, que escuchada en 2007 parece estar cargada de sensiblería. Como se detalla en *Yesterdays*, la impagable investigación que Charles Hamm publicó en 1979, en un primer momento la canción popular en América del Norte estaba dominada por canciones cantadas en inglés que se interpretaban en jardines públicos acondicionados para las representaciones artísticas. Se trataba principalmente de arias de operetas, melodías cómicas, y festivas canciones de cortejo. (Aquí distingo entre música popular y música folk, que podía ser más caótica y desenfrenada, por lo que nunca gozó de una aceptación pública tan generalizada. Nicholas Tawa expone eso mismo en su libro de 1980 *Sweet*

Songs for Gentle Americans: The Parlor Song in America, 1790–1860, con la mejor definición rápida de la música pop que existe: «La música de salón no tenía un destinatario concreto, ni cuando se creaba ni cuando se interpretaba. Su introducción al público general respondió a una especulación por parte de todos los implicados en el sentido de que iba a gozar de una aceptación masiva».) Junto con los arreglos para piano de piezas clásicas, la música de salón era la principal ocupación del negocio de las partituras, que evolucionó hacia el negocio de la publicación de música y finalmente la grabación. Estas canciones se cantaban no solo en casa, sino también en conciertos profesionales y espectáculos teatrales y de variedades.

Pero la música de salón cambió a raíz de *Irish Melodies*, la obra en ocho volúmenes de Thomas Moore, publicada entre 1808 y 1834, que aportó temáticas y sonidos menos refinados, o incluso lacrimógenos, a la música de América del Norte. Hamm sugiere que *Irish Melodies* introdujo la nostalgia como uno de los temas musicales y literarios centrales del siglo XIX: en medio de la beatería y la ambición mercantil norteamericanas, desenterró la semilla del fatigoso desarraigo de una nación de inmigrantes, recurriendo para ello a una vena musical inmigrante.

Durante el siglo XIX, en América del Norte la música de origen británico tuvo otro gran rival que resulta sumamente relevante a la hora de identificar las raíces musicales de Céline Dion: la ópera italiana. Durante la mayor parte del siglo la ópera fue también un género musical popular, que a menudo compartía programa con las canciones de salón y que tanto las clases altas como las clases bajas disfrutaban con traducción al inglés. Rossini, Bellini y Donizetti (y ocasionalmente algún vienés, como Mozart) se convirtieron en una sensación cuando se les incorporaron letras en inglés, y las arias se convirtieron en verdaderos hits, cantados en su particular versión americana pero manteniendo las filigranas vocales italianas *(portamento, fioritura, melisma)* que terminarían desembocando en la sobre-actuación carente de autenticidad del pop norteamericano. Las canciones operísticas, llenas de melodrama y romance, se interpretaban en casa junto a las canciones de salón, y estas se incorporaban a producciones operísticas (particularmente cuando el público, revoltosamente participativo, las pedía a gritos). A mediados del siglo XIX, la soprano sueca Jenny Lind realizó una gira estadounidense financiada por P. T. Barnum que se convirtió en el que seguramente es el primer éxito de taquilla de la cultura pop en Estados Unidos. Durante dicha gira, Lind cantaba el «Yankee Doodle Dandy» entre himnos y piezas de Mozart. Las parodias de arias de ópera eran habituales incluso en los espectáculos *minstrel* de mediados del siglo XIX, con la letra adaptada a la jerga «negra» inventada por los comediantes *blackface*, como documenta Lawrence Levine en su crucial estudio *Highbrow|Lowbrow: The Emergence of Cultural Hierarchy in America* (1988). Lo mismo se puede decir de algunos pasajes de Shakespeare, otro producto de consumo muy popular en la época. No fue hasta finales de siglo cuando una clase alta cada vez más consolidada fue lo bastante rica y numerosa para, en nombre de la «cultura» y los «estándares», cerrar la puerta al trato populista de los clásicos. Para ello construyeron lujosos y exclusivos teatros de ópera, condenaron las traducciones inglesas y se desmarcaron de la ópera italiana «ligera» en favor de la «alta» ópera alemana. Eso supuso el fin de los programas que combinaban Shakespeare, ópera, melodrama, canciones de salón, comedia, espectáculos de rarezas y acróbatas, tan habituales en los escenarios a principios del siglo XIX. Como Walt Whitman, gran seguidor de la ópera italiana, escribió en *Democratic Vistas* (1871), con «esta cultura mundial, o lo que ha terminado representando, nos encontramos abruptamente en un cuerpo a cuerpo con el enemigo», refiriéndose a los esnobs y aristócratas de la vieja Europa.

Pero las influencias «extranjeras» dejaron una marca indeleble en la música popular norteamericana. «En un sentido muy literal», escribe Hamm, «podría decirse que el concepto de canción popular surgió con Henry Russell (1812-1901, "Woodman Spare That Tree", "The Old Armchair"), un judío nacido en Inglaterra que estudió en Italia, llegó a Canadá y brindó a los norteamericanos canciones al estilo musical italiano, acompañadas sobre todo de textos que reflejaban una nostalgia de corte irlandés. La canción popular en América del Norte fue el resultado de todas estas mezclas étnicas». Lo mismo podría decirse del mayor compositor estadounidense del siglo xix, Stephen Foster, que añadió a la estilización inglesa, irlandesa e italiana su tradición escocesa, así como las harmonías y los ritmos supuestamente afroamericanos de la escena *minstrel*.

Líricamente, aparte de los números cómicos y de novedades, la música de salón tardía fue un torrente de sentimentalismo. «Los cantantes norteamericanos preferían las composiciones que acentuaban "los sentimientos del corazón"», escribe Tawa. «Una función indispensable de la canción de salón era reflejar y reforzar determinados valores compartidos por la mayoría de los norteamericanos.» Las canciones estaban llenas de solteronas envilecidas, madres elevadas a la categoría de santas, soldados heroicos y esposas y bebés muertos. Para los espectadores modernos «menos inclinados a exponer sus emociones a examen público», prácticamente todas ellas «rayan en la sensiblería barata».

La música popular norteamericana conservó esos rasgos hasta el siglo xx, cuando Tin Pan Alley,* dominado por más judíos asimilados, impulsó un cambio de tono: de pronto la música

---

* Asociación de productores, compositores y editores de Nueva York que dominó el mercado de la música popular estadounidense desde finales del siglo xix hasta la época de la Gran Depresión, momento en que comenzó su declive. *(N. del t.)*

popular aspiraba a llegar al prometedor público urbano-industrial, concentrado sobre todo en Nueva York y, más concretamente, en Broadway. Para ello adoptó una sofisticación audaz, que rehuía los excesos sentimentales del siglo anterior y, en gran medida, la ornamentación italianizante, y que explotaba la chispa de las bandas de metales y percusión, los bailes sudamericanos, el jazz emergente y el modernismo europeo. Incluso los estándares sentimentales de Tin Pan Alley tendían a expresar el sentimiento no con crescendos y plañidos lacrimógenos, sino mediante progresiones harmónicas más sutiles, y a usar juegos de palabras y argot de cuño reciente, en un reflejo de la reñida competencia dentro del mundillo de los compositores, que vivían hacinados en pequeños apartamentos de Manhattan. El nuevo estilo tuvo éxito gracias al surgimiento de un nuevo público en la metrópolis, pero también porque la radio y las grabaciones permitían una mayor fragmentación del marketing: los habitantes de zonas rurales y del sur se abrieron a los nuevos discos «*hillbilly*» (folk y country) y «raciales» (blues y, más tarde, R&B) y, según Hamm, nunca aceptaron de buen grado el hecho de que Tin Pan Alley dominara la música popular norteamericana durante medio siglo, aunque asimilaran sus canciones a través del cine o de versiones country y R&B. El country y el blues eran estilos musicales más emocionales, y nunca llegaron a contagiarse de los aires de superioridad y el oportunismo de la corriente urbanita mayoritaria.

Pero incluso en las ciudades había excepciones. Al Jolson era un traficante de sentimentalismo, lo mismo que su colega y veterana de los escenarios yiddish Sophie Tucker, aunque ambos equilibraban el menú con una buena dosis de comedia. El tenor Enrico Caruso fue el primer artista que triunfó con sus grabaciones, demostrando que la ópera italiana todavía era capaz de encontrar su público en el siglo xx (aunque cada vez menos y con menor frecuencia). Cuando visitó América, el tenor irlandés John McCormack cosechó un éxito similar al de Jenny Lind como intérprete de baladas. Y también durante la era de Tin Pan Alley aparecieron de vez en cuando éxitos sentimentaloides («Charmaine», de Erno Rapee en 1933; «I Only Have Eyes For You», de Harry Warren en 1934; o «Return to Me», de Danny DiMinno y Carmen Lombardo en 1937), una vez más surgidos de la pluma de compositores inmigrantes (Warren era italiano). Como señala Tawa en *A Sound of Strangers*, un libro sobre la inmigración y la música en América del Norte publicado en 1982, «los cantantes étnicamente norteamericanos que popularizaron canciones como las que hemos citado —vocalistas como Tony Bennett, Dean Martin, Tony Martin, Perry Como, Vic Damone, Al Jolson, Julius La Rosa, Al Martino y Frank Sinatra— eran especialistas a la hora de manipular los registros emocionales necesarios para endosarte una canción». Muchos eran lo bastante versátiles como para endosarte también estándares de jazz, pero a diferencia de la mayoría de los cantantes blancos de éxito, estos podían darse un baño de sentimentalidad sin cargo de conciencia.

Es más fácil comprender la carrera y la música de Céline Dion si la contemplamos a la luz de la larga lista de *outsiders* étnicos que expresaban emociones demasiado grandilocuentes para la mayoría de los intérpretes americanos blancos, pero que para ello recurrían a códigos no afroamericanos, permitiendo así que el público blanco se soltara sin necesidad de cruzar las «fronteras de color». Es fácil pasar por alto a músicos como Mario Lanza, tenor superestrella de la década de 1950 que se presentaba como el heredero de Caruso y que perdió el favor de la élite operística al participar en diversos melodramas de Hollywood, pero que vendió millones de discos de ópera pop en los años cincuenta. O Jerry Vale (nacido Genaro Louis Vitalino), que en esa misma época logró varios éxitos con temas lacrimógenos cantados en italiano. Incluso dentro de la música instrumental, los sonidos empalagosos de las secciones de cuerda, las melodías de piano cursis y el «*sweet jazz*» estuvieron dominados durante muchos años por tipos con nombres como Annunzio Mantovani, Liberace y Guy Lombardo (ridiculizados por los coleccionistas de «*hot jazz*», el género popularizado por Louis Armstrong, aunque el propio Satchmo consideraba que Lombardo tenía la mejor banda de Estados Unidos).

Pero la música sensiblera también experimentó cambios inesperados en la posguerra: el country se desmarcó del gueto del *hillbilly* y, aunque adoptó sonidos más ásperos, como el de Hank Williams o Johnny Cash (dos músicos en absoluto ajenos a la sensiblería), sacó a la luz una vena sureña de la música de salón del siglo XIX que había sobrevivido en las baladas de artistas como Jim Reeves y Martin Robbins, un vínculo que se remontaba hasta la Familia Carter o el cantante cowboy con formación operística de la década de 1920 Vernon Dalhart. Elvis Presley, al que Céline cita a menudo (son muchos los *Québécois* que peregrinan fervientemente a Graceland), combinó el country sensiblero con su devoción por los cantantes melódicos italianos, en baladas que ampliaron su popularidad más allá de las adolescentes, como por ejemplo «Are You Lonely Tonight?», «Love Me Tender» (con la melodía de la popular canción de la Guerra de Secesión «Aura Lee») y, más tarde, «It's Now or Never» (una adaptación de la canción napolitana de 1898 «O sole mio»). El Elvis de Las Vegas fue una premonición de la Céline de Las Vegas: el rey del rock 'n' roll era también el príncipe de la música sensiblera. Fuera de Estados Unidos, los especialistas europeos en música sensiblera como la griega Nana Mouskouri o los cantantes melódicos franceses Maurice Chevalier y Charles Aznavour lograron también un impacto global en la era de posguerra. Estos artistas tuvieron una gran influencia en la tradición de la música de variedades quebequesa de la que bebe Céline, pero sus figuras son en general algo más modestas y pintorescas que las de la música sentimental estadounidense.

Durante la década de 1960, el soul y las baladas folk eclipsaron la música sensiblera. Se ha hablado mucho de la idolatría de Céline hacia Barbra Streisand, pero lo cierto es que yo no le encuentro ningún gran parecido con la Barbra clásica. Esta se crió en Broadway, y su vis cómica y su timidez le permitieron bailar por el borde del precipicio sin resbalones. De hecho, solo empezó a volverse más sentimentaloide cuando el estilo regresó de la mano de los reprimidos de las décadas de 1970 y 1980, y que conste que con ello no me refiero al exceso de sensibilidad «vainilla» de Bread, sino a la teatralidad nostálgica de Barry Manilow y Neil Diamond, que repitieron la fórmula de Tin Pan Alley y su prehistoria a modo de farsa extravagante. También aparecieron el género de fusión entre rock y sensiblería conocido como *power ballad* (al que volveremos a referirnos en el próximo capítulo) y el picadillo eurocutre de sensiblería y rock de Andrew Lloyd Webber (basta con recordar «Memory», del musical *Cats*). También regresaron los cantantes de baladas «latinos», con ídolos pastelosos como Julio Iglesias. Céline y sus productores han destilado elixires emocionales concentradísimos de la ópera, la canción de salón y el rock de grandes estadios y los han combinado para obtener la receta de la hipersensiblería, un género frankensteiniano de alta intensidad sentimental.

En una conversación acerca de los precedentes de Céline mantenida con otros críticos musicales y fans que figuraban en una lista de correo electrónico, alguien dijo: «No creo que esta cenicienta particular vista tallas americanas». Si nos fijamos exclusivamente en los vestidos diseñados y elaborados dentro de las corrientes dominantes anglo y afroamericanas, no le falta razón; pero el tipo de sensiblería a la americana que practica Céline ha sido una constante en la música popular de Estados Unidos de los últimos dos siglos, por mucho que algunos de sus intérpretes no se consideraran totalmente americanos. La música sensiblera marea la perdiz, pero al parecer nunca termina de disolverse del todo en el crisol musical, sino que resurge una década tras otra.

Creo que eso es así porque la sensiblería, como insinúa Hamm en su estudio sobre la canción de salón, nunca busca la evasión pura: no solo es catártica, sino que también tiene un elemento de refuerzo social; supone una exposición indirecta a las grandes recompensas que se derivan de seguir las normas, pero también al inevitable precio que hay que pagar por ello. Y esto la hace especialmente susceptible de quedar desfasada: las fronteras exteriores de la conformidad extrema, del éxtasis y el desespero públicos carentes de toda polémica no son nunca estáticas. La sensiblería es un retrato nada privado de cómo se concibe actualmente el sentimiento privado, algo que los cambios sociales pueden transformar de forma implacable. Y las transformaciones la convierten de inmediato en un motivo de vergüenza, como sucedió a finales del siglo XIX, cuando las élites no entendían qué debían de encontrar sus pobres antepasados en la ópera ligera italiana. Asimismo, como rasgo específico de los inmigrantes liminares de América del Norte, puede convertirse en una rémora del «antes de que fuéramos blancos», acaso conmemorada cariñosamente, pero sin duda embarazosa. La sensiblería se pudre con más rapidez que otros ingredientes de la despensa musical, y por eso la posibilidad de que se produzca un revival de Céline Dion en 2027 nos parece tan remota como que hoy se ponga de moda la canción de Jerry Vale «Innamorata», de 1956. Pero ¿un género es menor, artísticamente y en su función social, por ser más perecedero? ¿Es preferible mantener el arte lejos de toda sensiblería (en las antípodas de la mezcla de frikis, baladas y Shakespeare de los escenarios del siglo XIX), o acaso persiguiendo un ámbito musical más *cool* y aireado hemos dejado que se marchitara una necesidad humana fundamental? Bajo la superficie de la música popular, engrasando las vías, discurre la historia secreta de la sensiblería, siguiendo su curso oleaginoso, a la espera de que alguien la explore más a fondo.

6

Cantemos a pleno pulmón

Hay pocos objetos de la historia de la música que inviten más al fetichismo que las grabaciones de un «álbum perdido» que nunca llegó a publicarse porque el sello discográfico (o el artista) perdió la fe, porque el artista tuvo una crisis, porque la banda se disolvió... *Smile*, de los Beach Boys, es el ejemplo más documentado, pero también tenemos *Lifehouse*, de The Who, *Homegrown*, de Neil Young, dos o tres discos de Prince y muchos otros (incluso de bandas más desconocidas como los Mountain Goats y su *Hail and Farewell Gothenburg*). Todos ellos, sin excepción, son objeto de generosa especulación, copias ilegales (en la medida de lo posible) y, en el caso de *Smile*, una recreación facsímil décadas más tarde. No es fácil separar este fenómeno de la visión romántica que considera los discos como un medio de autor, como si se tratara del cuadro de un gran maestro en el que cada canción equivale a un nuevo trazo. Por eso me llevé una sorpresa cuando me enteré de que, en realidad, existe un disco «perdido» de Céline Dion, o por lo menos parte de un disco: sus sesiones de 1995 con el productor Phil Spector, el arquitecto del Wall of Sound de principios de la década de 1960, que convirtió éxitos de *girl-groups* en «sinfonías adolescentes a Dios», colaborador controvertido de los Beatles, Leonard Cohen y los Ramones y, más recientemente, sospechoso de asesinato.

Spector iba a ser uno de los productores de *Falling into You*, el que habría sido su primer disco en quince años, pero lo despidieron. *Entertainment Weekly* le preguntó por el episodio en 2003 y Spector respondió con una carta de ochocientas palabras en la que condenaba el material «artificial y repugnante» que otros productores imponían a Céline, «canciones indistinguibles, que antes ya han rechazado Whitney Houston y Mariah Carey, [...] "producidas" por amateurs, estudiantes y clones baratos de un servidor». (El bando de Céline aseguró que Spector simplemente tardaba demasiado; el autodeclarado «clon barato» Jim Steinman, que trabajó en el proyecto, dijo que las sesiones habían sido «una experiencia entre horripilante e hilarante».) Spector declaró a *Entertainment Weekly* que «si desean oír las increíbles grabaciones históricas que hice con la señora Dion, no se preocupen. [...] Al fin y al cabo pagué por ellas, o sea que son mías, y pienso publicarlas en mi propio sello para que todo el mundo las pueda escuchar y comparar». A nadie que esté familiarizado con el control que los abogados de René Angélil ejercen sobre todo lo relacionado con Céline le sorprenderá que, cuatro años más tarde, no haya salido a la luz ni una sola nota de dichas grabaciones. Pero si el trabajo se terminara publicando podría ser muy revelador: como se ha demostrado con las obras de Céline en francés junto a Jean-Jacques Goldman, una producción astuta y un buen asesoramiento a la hora de elegir el repertorio pueden tener un efecto espectacular. De hecho, la propia Céline dijo: «No podía darle [a Spector] todo el tiempo que quería, y fue una pena, porque, de verdad, las canciones eran increíbles».

A mí lo que me sorprendió fue que Spector hubiera accedido a trabajar con ella. Durante décadas, el productor únicamente había abandonado su vida retirada para colaborar con artistas que consideraba dignos de ello, innovadores ungidos como Cohen o los Ramones. En su carta de 2003 solo tuvo elogios para Céline. Así pues, Spector ve a Céline como la cantante (como la artista) que ella misma cree ser. Y no es el único: en 2007, la revista *Elle* publicó que Prince había asistido a su espectáculo de Las Vegas por lo menos tres veces, engrosando una lista en la que ya figuran Rick Rubin (productor de numerosas leyendas del rap, además de Johnny Cash), Ice-T, Justin Timberlake (aunque esto sorprende menos) y Alice Cooper. En declaraciones a *Elle*, el productor de hip-hop y R&B Timbaland dijo: «Céline tiene una voz preciosa, fascinante». El cantante de R&B R. Kelly, que ha grabado duetos con Céline, se declaró «un fan incondicional [de Céline], de esos que correrían detrás de su autobús sin atisbo de vergüenza. Su voz no es humana». No es infrecuente entre los músicos dejar a un lado las categorías musicales ante una proeza técnica, y ese parece ser el caso de Céline.

Naturalmente, toda su carrera se ha basado en la idea de que su voz no fue creada igual que las demás. En *Saturday Night Live*, su imitadora Ana Gasteyer saluda al público con un: «¡Soy franco-canadiense, soy muy delgada y, para colmo, soy la mejor cantante del mundo!». Y añade: «Si no fuera tan buena persona creería que soy una fantasma». El crítico musical Barry Mazor, que tiene un paladar muy fino a la hora de detectar la sensiblería norteamericana, me contó una vez que para él Céline era como «dotar al narcisismo primario de una voz». Para mí era lo mismo: su presentación vocal recordaba a una niña de dos años que creía que el universo giraba a su alrededor y que gritaba «¡mírame, mírame!», con un volumen creciente que iba cambiando de tonalidad hasta alcanzar el clímax, que equivalía a un berrinche. Tanta ostentación le restaba efecto a su voz, ya que saber cantar es en gran parte saber cuándo hay que contenerse.

Sin embargo, a medida que investigo, esta impresión se topa una y otra vez con una contranarrativa según la cual un productor tras otro ha reescrito la personalidad vocal de Céline, que se deja someter. Si uno habla con otra gente acerca de Céline y les pregunta si les gusta o no, todos reconocerán sus capacidades vocales, pero las palabras más repetidas serán «cuerdas vocales», como si Céline fuera un instrumento, más una obra de ingeniería que una persona. Pero es que la propia Céline también habla de sí misma en esos términos: uno de sus temas recurrentes es la autodisciplina necesaria para cuidar su voz, ya sea pasando días sin hablar y comunicándose con su marido por signos o invirtiendo un dineral en regular la temperatura y la humedad de sus aposentos y camerinos (especialmente en el desierto de Las Vegas). Podemos llamarlo narcisismo o verlo como una manifestación de abnegación católica: el voto de silencio, la vida retirada, como si su voz fuera un poder superior al que ella solo presta su cuerpo. Que la suya es «la voz de un ángel», vamos.

Las dos críticas más ponderadas que he leído sobre la obra de Céline, ambas publicadas en *Village Voice*, se centraban en esa yuxtaposición entre voz e identidad. En 2002, en una reseña parcialmente positiva de *A New Day Has Come*, Frank Kogan escribió que, aunque había disfrutado de su música, «en ningún momento he percibido en ella una personalidad musical. Para ser una estrella del pop no basta con llegar a las notas agudas: es necesario conseguir que quienes te escuchan sientan que te están oyendo a ti en esas notas, o por lo menos eso creo yo. [...] Noté la presencia de un leviatán primario de no sé exactamente qué naturaleza, pero no logró engullirme».

Cinco años antes, la reseña de Simon Firth de *Let's Talk About Love* se refirió al abismo entre Céline y su compañera de dueto Barbra Streisand, a la que acusó de «arrogancia intelectual». En cambio Céline, a pesar de su «destacable habilidad a la hora de atraer la atención hacia el peso emocional de una simple nota», adolecía de una «absoluta falta de personalidad». Firth concluía: «Barbra Streisand encontró nuevas formas de vender canciones clásicas, convirtiéndolas en algo individual y obstinado, mientras que a Céline Dion le dan canciones escritas para venderla a ella. [...] El resultado es una música extrañamente pasiva: allí donde Streisand se impone sobre la canción, Dion deja que la canción modele su identidad».

He intentado imaginar por qué alguna gente, incluida la propia Céline, consideran que eso es bueno. Por qué, como un jugador adicto a perder, Céline está tan misteriosamente ansiosa por diluirse en su propia música, derrochando de forma exagerada hasta que lo único que quedan son efectos especiales: todo lo que es sólido se desvanece en sensiblería.

«Mi trabajo», dijo Céline en una ocasión, «es entrar en la vida de la gente a través de mi música. ¿Crees que quiero molestarlos mientras cocinan? ¿Que quiero molestarlos mientras hacen el amor? Quiero ser parte de ello. No quiero interrumpirlos. Y, desde luego, lo que no quería era presionarme a mí misma: que si soy tal, que si soy cual, que si sirvo para esto pero no para aquello; que si escucha tal cosa, que si cree en tal otra... Yo solo hago mi trabajo, canto mis canciones, y si tú quieres escuchar tal canción y no tal otra, eso no tiene nada que ver conmigo.»

El género principal de Céline, la *power ballad*, fue la invención del rock de grandes estadios de los setenta que más hizo por recuperar el impulso sensiblero después de que este tuviera que pasar los años sesenta lejos de las avenidas más transitadas del pop. Como nos recuerdan sus versiones de himnos a la soledad, como «All By Myself», de Eric Carmen, o «When I Need You», de Leo Sayer, la *power ballad* es ese momento en el que la cantante se aproxima al borde del escenario y el resto de la banda da un paso atrás. Hay pocos solistas que se hayan integrado tanto en su equipo como Céline Dion, pero cuando esta canta una balada, se queda a solas con la presencia imponente de su voz, por mucho que las letras se refieran una y otra vez a temas como las relaciones interpersonales y el amor. Se trata de una dinámica perfectamente diseñada para la adolescente que no quiere hacer los deberes y que hunde la cabeza en la almohada, con los auriculares puestos; o para la viuda cuya soledad es la cara oscura del recuerdo de sentirse acompañada; o para el ama de casa que escucha la radio con una taza de café en las manos, mientras todos los demás están en la escuela o trabajando. Cuando trata su voz como si no tuviera nada que ver con ella, Céline reproduce el sacrificio maternal de Maman Dion, encarna musicalmente a la mujer que vela por todos excepto por sí misma. La devoción masoquista que proclaman tantas de sus canciones presenta una imagen de mártir, con su paradójica mezcla de destrucción y glorificación de sí misma. Si canta sin personalidad es porque sería egoísta por su parte interponerse no tanto entre el oyente y la canción, sino entre el oyente y su propia voz.

La psicología y la filosofía actuales se preguntan a menudo si existe algo que pueda denominarse «yo nuclear», o si este es simplemente un producto de la reconstrucción social permanente, un «bricolaje sin manitas». El vacío de Céline simula ese modelo en el ámbito musical: sus canciones apenas transmiten personalidad porque ella no es más que el recipiente de su voz, todo medio sin nada de mensaje, canalizando el sentimiento con tan pocas aristas como sea posible, inundando de luz las vidas de sus fans. No es extraño que estos suelan referirse a ella en términos de santidad y haciendo hincapié en su atención maternal. Esa falta de ego la hace parecer falsa a ojos de sus detractores —carente de la individualidad expresiva que, según Stephin Merrit, sus fans esperarían de ella—, pero tal vez sea por presentar una subjetividad tan escasa (y tan frágil) por lo que en realidad sus seguidores la perciben como más honesta. La autenticidad está en el regalo, no en quien lo hace. Y tal vez quien lo recibe se siente honrado por ello, un poco más sólido.

Sin embargo, el resultado es una ausencia nada habitual de tensión musical. Mientras sus canciones se propulsan hacia sus predestinadas cimas, ella no se resiste, sino que se pone cómoda y pisa el acelerador mucho más que el freno, poniendo el acento en la intensidad, no en la diferencia. Más que a ninguna otra cosa, me recuerda al metal *underground*, que ha renunciado a las piezas de repuesto del rock duro del pasado y ha optado por limitarse a guitarras potentes, baterías y gritos. En el metal actual no hay *power ballads*, no hay ningún Nazareth tocando «Love Hurts», ningún Kiss tocando «Beth», ningún Guns N' Roses tocando «Sweet Child o' Mine». De modo que quien canta las *power ballads* es Céline. Alguien dijo que «la lucha libre es una telenovela colocada de esteroides». En ese sentido, tal vez Céline Dion es música metal colocada de estrógenos. Y el metal, no lo olvidemos, ha visto cómo se le abrían las puertas de la crítica. El metal es todo oscuridad y rebelión, mientras que Céline es todo velas y comunión, pero fijémonos en cómo la hipermasculinidad y la hiperfeminidad pueden hallar un punto de encuentro, lo mismo que sucede con el capitalismo plutocrático y el comunismo de economía planificada. Cuando alguna gente bromea con que Céline es como una travesti, tal vez es ese aspecto de su música, y no solo sus rasgos más obvios, lo que suscita el comentario.

Para el público sensibilizado con la historia de la música popular, el instinto de Céline de llevarnos a cotas más elevadas (y más estridentes) resulta desconcertante, pues parece revertir la evolución de la técnica vocal, que discurre en paralelo a la de las tecnologías de grabación. Los primeros cantantes, procedentes de la música de salón o del teatro de vodevil, grababan en cilindros y tenían una naturaleza operística: cantaban a pleno pulmón. Sin embargo, a medida que la técnica de fabricación de micrófonos se fue refinando, empezaron a imponerse los cantantes melódicos más delicados, como Bing Crosby. El R&B contemporáneo supone la culminación de ese proceso, con voces que entran y salen discretamente del marco con «oohs» y «aahs», susurrando mientras las bases rítmicas y los *loops* llenan el espacio. Ahora bien, esa tendencia nunca ha sido unidireccional: siempre ha habido cantantes que emergían en contextos de música en directo donde se canta a todo volumen, como el blues y el rock eléctrico, los escenarios de Broadway o las iglesias de gospel (la cuna de la mayoría de las divas pop afroamericanas), y que regularmente han renovado las opciones de cantar a pleno pulmón. Pero incluso esos artistas tienden a reducir gradualmente su teatralidad y acercarse más al volumen de la lengua hablada. No parece que la vehemencia de Céline obedezca a razones obvias. Tal vez es simplemente una hija de la era de la compresión de estudio, en la que los discos, que deben vociferar para que alguien los oiga, se mezclan cada año a más decibelios. O tal vez exista una explicación menos técnica.

Una y otra vez rememoro su arranque con el asunto de los saqueadores de Nueva Orleans: «¡Que toquen todas esas cosas!». Con el paso del tiempo, esa frase me parece el lema de Céline. Las extravagancias sonoras de su música, lo que podríamos denominar su «conspicua producción», están ahí para que ella, la niña pobre de Charlemagne, pueda tocarlas. Al igual que el hip-hop, se trata de una música que proyecta la aspiración a una cierta vida, que busca conseguir dinero, aunque Céline, siguiendo las convenciones culturales y de género, se muestra más recatada. Su voz es un producto de lujo y Céline desea compartir su abundancia con sus seguidores, que estos puedan tocar dicha abundancia y que esta los toque a ellos con todo su esplendor ornamental, su AutoTuning aterciopelado y sus varias octavas como si fueran las múltiples dependencias de una mansión. De hecho, su forma de cantar es también una forma de aspirar a una cierta vida, y por eso se propaga de forma palpable, adornada de florituras vocales, como un mobiliario recargado y tapizado con un chillón estampado de flores. Su voz es en sí misma una nueva rica. Es una cuestión de volumen. No es de extrañar que a los críticos de clase media les resulte incómoda.

Para los oídos supuestamente más refinados y educados, la «pretensión» es el colmo de lo hortera. A alguien con aspiraciones normales, como salir adelante aunque sea de forma modesta, le puede resultar igualmente incomprensible la opción de la vertiente más «artística» de la música popular de evitar cantar o tocar bien de una forma que resulte obvia, una decisión que la mayoría de los intérpretes no pueden permitirse, de forma figurada pero también literal. Ciertamente no se trata de algo común en la música negra norteamericana (incluso el hip-hop, con todas sus semirrenuncias subculturales, todavía otorga un valor extra a los símbolos de dominio, del *flow* a las *ho's*). Y, contrariamente a las ideas equivocadas de los urbanitas *outsiders*, desafinar o tocar mal ha sido desde siempre un tema tabú en la música country. (Tal como cantaba John Sebastian, «Nashville cats get work before they're two».[*]) Todos los herederos de Bob Dylan, que minimizan la musicalidad convencional para destilar lo que Roland Barthes denominó «el grano de la voz», otro orden de significado y materialidad, desdeñan explícitamente las medidas estándar de aquello que el mundo del entretenimiento valora y las ambiciones que estas representan. Céline rinde tributo a esas aspiraciones con cada nota.

[*] Los gatos (músicos) de Nashville tienen trabajo antes de cumplir dos años. *(N. del t.)*

A fin de cuentas, la palabra *virtuosismo* deriva de *virtud*. En el modelo clásico el virtuosismo se da casi por descontado, en «virtud» de una educación y una formación determinadas, pero en el ámbito de la música popular, en cambio, el virtuosismo revela una ética del trabajo que sirve para racionalizar la indulgencia del placer musical. Una muestra de habilidad en un solo de guitarra o de batería es el ritual de confirmación del rock currante (y precisamente eso convirtió el virtuosismo en la bestia negra del punk). Los regímenes disciplinarios que rodean la voz de Céline fascinan a sus seguidores, y aunque es posible que para ella tengan resonancias católicas, en realidad también encajan con la idea del cristianismo gnóstico norteamericano que proclama que entregarte al trabajo (hasta un grado que en muchas culturas resultaría inapropiado por codicioso) puede formar parte de tu relación personal con Dios, una forma de invertir tu «talento», el capital que te ha sido asignado divinamente.

La propia virtud otorga a Céline un lugar especial como modelo para aspirantes a cantantes. Teniendo en cuenta sus triunfos en Eurovisión y en Tokio, casi se podría decir que, más que en ningún otro género, sus raíces están en los concursos de talento. Su nombre se menciona allí donde se organiza un concurso a lo *American Idol*, especialmente por parte de las concursantes blancas del programa de televisión, pero también en el caso de los participantes de la competición de canto para expatriados *Abyssinian Star*, que tiene lugar en Chicago, y en acontecimientos similares de todo el mundo. Katherine Meizel, cantante con formación de conservatorio e investigadora especializada en *American Idol* residente en California, me contó que entre los jueces del programa «una comparación con Céline significa que los jueces aprueban la interpretación de la participante. En cambio, si una concursante canta una canción de Céline, casi siempre la castigarán por exceso de ambición». Cuando la concursante Antonella Barba (que terminó retirándose después de que aparecieran en Internet unas fotografías suyas comprometidas) cantó «Because You Loved Me» en las semifinales de la temporada 6, la jueza Paula Abdul le advirtió: «Menos del 1% de la población puede cantar como Céline». («¿Tenía un estudio científico al respecto?», se preguntó Meizel.)

American Idol atrae casi tanto veneno crítico como la propia Céline, y muchos de los motivos son los mismos: aunque el programa se concentre en el carácter de los participantes y la calidad de sus interpretaciones, no se trata del tipo de expresión personal que los críticos tienden a valorar y considerar auténtica. Tal como señala Meizel, el programa se consagra a lo que el autor de estudios culturales Lawrence Grossberg denomina «la inautenticidad auténtica», la conciencia de que el mundo del espectáculo es y debe ser apreciado como una falsificación genuina, en una época en la que el público es lo bastante inteligente como para comprender que la fabricación de la imagen es un proceso inevitable y simplemente pide que resulte entretenido. En el fondo, «inautenticidad auténtica» es lo mismo que decir «arte», pero todavía hay gente atrapada en ideales románticos que se pone tensa si alguien insinúa que la creatividad es en gran medida la capacidad de manipular el artificio. Los músicos de rock a menudo disfrazan la teatralidad de pasión espontánea o de simbolismo profundo (pensemos en el cerdo hinchable gigante de Pink Floyd), o de un contacto sincero «que rompe la cuarta pared» entre el escenario y el público (un cantante punk te escupe; Green Day sube espectadores al escenario y les da un instrumento). Pero en el fondo esos trucos siempre buscan la magia. Y mucha gente se apunta de buen grado a la idea de considerar al cantante de pop como un ilusionista. En ese sentido, la «gran voz» es muy propia del mundo del espectáculo. En el caso de una cantante como Céline, parte de la embriaguez se debe a la sensación de que hace virguerías con su voz y, al mismo tiempo, se ve arrastrada por su fuerza natural: su virtuosismo es al mismo tiempo un truco y magia real, una especie de sublime prodigio vocal, una poderosa cascada que inspira miedo y asombro. Con su esfuerzo virtuoso, la artista canaliza la cascada a través de sus cuerdas vocales para proporcionarnos el subidón sin la amenaza de que nos inunde.

Anonimato de lujo, exceso virtuoso, ilusión sincera, metal colocado de estrógeno, algo sublime y protegido con celo: todos esos matices de la voz de Céline me parecen casi palpables y, no obstante, las veces que he escuchado *Let's Talk About Love* no he conseguido tocarlos. En su reseña del disco, Frank Kogan escribe: «Me sentía bien al constatar que no soy susceptible de verme engullido por su música, pero no por ignorar la naturaleza de ese efecto en los demás. Veintiocho millones de personas pueden estar equivocadas, pero es poco probable que todas ellas se avengan a aburrirse». Si ya he llegado a la mitad de mi experimento y he logrado encontrarle tanto sentido a Céline, ¿por qué sigo aburriéndome? Es posible que las respuestas no debamos buscarlas en nuestra estrella del pop, sino en nosotros mismos.

7

Hablemos de gustos

Hasta ahora he estado reexaminando el pop global, la sensible-ría, el estilo excesivo de cantar de Céline y otros aspectos de su carrera desde ángulos poco frecuentes; he encontrado trece formas de mirar a este pájaro cantor,* dando vueltas para inten-tar dar con un punto de vista más objetivo. Aunque, ¿es posible hallar la objetividad en el gusto artístico? El debate sobre si la belleza está solo en el ojo del espectador ha sido una constante durante toda la historia de la cultura. Aflora cada vez que un crítico elabora una lista de «los diez mejores»: ¿estoy nombran-do las películas, libros o discos que más me gustaron el año pa-sado o estoy aseverando que, por lo que sea, estas diez obras fueron *realmente* las mejores o las más significativas? ¿Puedo decir que ambas afirmaciones están relacionadas?

Desde un punto de vista menos trivial, la «objetividad» entra en acción siempre que hay un caso de censura y el tribunal llama a un experto en arte para que testifique sobre los «méritos» de una obra transgresora. Su opinión se tratará como una prueba, como si surgiera de un informe forense, solo que los fiscales también

* El autor alude aquí al poema de Wallace Stevens «*Thriteen Ways of Looking at a Blackbird*» ('Trece formas de mirar un mirlo'). *(N. del t.)*

llamarán a sus propios profesores, curadores o críticos para que atestigüen que la creación en cuestión carece de todo valor estético o social que la redima. A menudo, para determinar qué gustos son más creíbles, el veredicto valora qué expertos tienen más prestigio: si unos provienen de pequeñas universidades cristianas y los otros de Harvard y Oxford, no es difícil imaginar el resultado. A finales de la década de 1980 y principios de 1990 se produjo un espectáculo de estas características cuando los neoconservadores pusieron en el punto de mira a las discográficas por publicar discos de heavy metal y de rap que ofendían los «valores familiares». También cargaron contra el National Endowment for the Arts por ofrecer financiación pública para la creación de arte «obsceno». La «guerra de la cultura» ocupó a los defensores del arte durante casi una década. Aunque también la podrían haber bautizado como «guerra de los gustos».

Una de las respuestas más mordaces la dieron una pareja de artistas inmigrantes, los expatriados rusos Vitaly Komar y Alexandir Melamid: si se trata de decidir qué estándares de gusto deben prevalecer en una sociedad diversa y democrática, se preguntaron, ¿por qué no recurrir a la mejor aproximación democrática a la «objetividad»: una votación popular? Como se hace difícil imaginar unas elecciones sobre gustos, Komar y Melamid (hasta entonces conocidos por sus sátiras del arte oficial socialista-realista soviético) decidieron usar otras formas de tomar la temperatura pública y recurrieron a los muestreos y las encuestas de opinión. Invirtieron 80.000 dólares en una encuesta para determinar las «preferencias populares», preguntaron a los estadounidenses qué les gustaba y qué no en el mundo del arte —tamaños, estilos, temas, colores— y a continuación elaboraron dos cuadros: «el más deseado de Estados Unidos» y «el menos deseado de Estados Unidos».

La encuesta no dejaba lugar a dudas: a Estados Unidos le

gustaba el color azul, las imágenes de paisajes naturales, las figuras históricas y mujeres, niños y grandes mamíferos en lienzos de tamaño medio. Así pues, Komar y Melamid generaron una imagen del tamaño de un lavavajillas que reproducía unas montañas onduladas, un cielo azul y una masa de agua del mismo color, junto a la que una familia hace un picnic acompañada de George Washington, un ciervo y un hipopótamo. El cuadro «menos deseado» es una imagen geométrica abstracta, pequeña y angulosa, de tonos dorados y anaranjados. También realizaron encuestas a menor escala por el resto del mundo: todos los países querían un paisaje azul.

La ironía no va dirigida tan solo a los gustos populares. Como dijo Melamid en una entrevista para el libro *Painting by Numbers: Komar and Melamid's Scientific Guide to Art* (1997):

> Existe una crisis de ideas en el arte, algo de lo que se ha dado cuenta mucha, mucha gente. [...] Los artistas actuales —no puedo pronunciarme en nombre de todos, pero he hablado con muchos que se sienten así— hemos dejado de creer incluso que seamos la minoría que sabe de qué habla. Hace diez o veinte años creíamos conocer el secreto, pero ya no lo creemos. Somos una minoría sin poder y sin creencias, sin fe. Yo mismo me siento obsoleto, como artista y como ciudadano. [...] Vale, se puede hacer una cosa de tal forma o de tal otra, con salpicaduras o con colores lisos, pero ¿para qué? ¿De qué va todo esto? Por eso queríamos preguntarle a la gente. Para nosotros —desde nuestro punto de vista— se trata de un intento sincero de comprender algo, de modificar nuestro curso. Porque no podemos seguir viviendo como vivimos. Nunca he visto a los artistas tan desesperados como lo están hoy, en esta sociedad.

Komar, en su inglés con marcado acento, añadió:

Además, el mundo del arte no es una sociedad democrática, sino totalitaria. No existe el equilibrio de poderes. Los individuos que crean sus leyes y criterios son también quienes toman las principales decisiones. Esta fusión del poder ejecutivo, legislativo y judicial es el sello distintivo de las sociedades totalitarias.

En colaboración con el compositor y neurocientífico Dave Soldier, los dos artistas realizaron una encuesta por Internet para determinar también las preferencias populares en el ámbito musical. La clamorosa «canción menos deseada» resultó ser, según los resultados de la encuesta, un tema musical de más de veinticinco minutos de duración, con acordeones, gaitas, un coro infantil, un banjo, una flauta, una tuba y un sintetizador (el único instrumento elegido para la canción más y menos deseada) y que mezclaba ópera, rap, Muzak, música atonal, jingles publicitarios y canciones vacacionales. En cambio, la «canción más deseada», una canción que «gustaría inevitable e incontrolablemente a un 72 % de los votantes, más o menos un 12 % de la población mundial», era un tema lento de R&B de cinco minutos, un dueto entre un hombre y una mujer, con guitarra, saxo, batería, sintetizador y cuerdas. Al describirla, los críticos a menudo afirmaban que sonaba... como Céline Dion. Y también aseguraban que la «canción menos deseada» les gustaba mucho más.

¿Es posible que la música de Céline Dion sea el equivalente a un paisaje azul del tamaño de un lavavajillas? Y si una amplia mayoría estadística de la población de la Tierra, más menos un 12 %, quisiera llenar el mundo de canciones de amor ñoñas, ¿qué tendría eso de malo? ¿Quién lo decidiría? Komar y Melamid estaban tratando de abordar una crisis generalizada en todos los ámbitos del gusto que anteriormente guiaban no solo la recepción del arte, sino también la creación artística. Como refugiados de un estado totalitario, se tomaban la democracia muy en serio; en tanto que artistas, comprendían (como su proyecto demuestra sin lugar a dudas) que los mecanismos de la democracia no son aplicables al arte. Ninguna persona individual querría el «cuadro más deseado», un embrollo ridículo de elementos incongruentes. Su proyecto fue una broma sinceramente dolorosa sobre el arte y la democracia.

El proyecto pseudocientífico de Komar y Melamid es un recordatorio de que, hasta hoy, la ciencia ha tenido poco que decir sobre el gusto. Los teóricos de la evolución sugieren que el ideal del paisaje azul puede responder al anhelo de la sabana que llevamos clavado en la memoria y que la admiración por el virtuosismo musical está relacionada con su función a la hora de exhibir el estatus sexual, como el plumaje multicolor de un ave. La antropología ha encontrado muestras de música social (para el baile, en ritos religiosos y fiestas, para contar historias) en todas las culturas. La música para ser escuchada de forma «pura» es una anomalía, y la neurología ha demostrado que el placer por la música se estructura en función de la expectativa y la familiaridad, en una canción concreta (¿cuándo se resolverá el patrón y cómo?), entre canciones (¿se parece esta música a otra música que conocemos y nos gusta?) y entre géneros (¿conocemos las reglas de un determinado tipo de música?). Encontrar el equilibrio entre repetición y novedad es crucial: algunas canciones nos parecen demasiado complicadas para disfrutarlas (como la canción «menos deseada»), mientras que otras resultan demasiado manidas para suscitar nuestro interés (como les sucedió a los críticos con la «más deseada»). Sin embargo, existe una explicación de por qué la gente gravita hacia diferentes porcentajes de relación entre sorpresa y familiaridad. Si nos guiamos por los patrones de los asistentes a conciertos de música experimental, podemos decir que la gente a la que le gusta el arte formalmente impredecible no es especialmente proclive a conducir coches rápidos, hacer *puenting* o hablar con desconocidos, pero, en cambio, sí parecen tener tendencia a leer novelas poco conocidas y a mirar cuadros raros. ¿Existe entones un «gen del riesgo» para el espíritu artístico aventurero?

La nueva disciplina de la neurobiología musical, excepcionalmente descrita en *This Is Your Brain on Music* (2006), del investigador (y antiguo productor discográfico) de Montreal Daniel Levitin, apunta a que es posible que el cerebro esté construido para preferir la consonancia antes que la disonancia, los ritmos constantes antes que los caóticos, etcétera. Sin embargo, estas inclinaciones parecen ser maleables, como indica el periodista científico Jonah Lehrer en *Proust Was a Neuroscientist* (2007). En el bulbo raquídeo existe una red de neuronas específicamente diseñada para clasificar los sonidos desconocidos en patrones. Si dichas neuronas logran su objetivo, el cerebro libera una dosis de dopamina que genera placer; si no lo logran, si se topan con un sonido demasiado nuevo, se produce un exceso de dopamina que nos desorienta y nos altera. Lehrer sugiere que eso explica acontecimientos como los disturbios de 1913 durante el estreno en París de la obra disonante de Igor Stravinsky *La consagración de la primavera*. Pero esas neuronas también aprenden. Con una exposición repetida, pueden domar lo desconocido y convertir el «ruido» en «música». Así, un año más tarde, otro público parisino recibió con entusiasmo *La consagración de la primavera* y, en 1940, Walt Disney la incorporó a una película animada infantil, *Fantasía* (en la secuencia sobre los dinosaurios y la evolución, que le viene como anillo al dedo).

El problema de esta parábola es que en realidad no se trata de una exposición repetida. Tal vez los cerebros de los niños que vieron *Fantasía* estaban preparados después de haber oído música inspirada en Stravinsky, pero ¿qué sucede con el público de 1914? Parece poco probable que fuesen los mismos amotinados de un año atrás, que volvían para darle una segunda oportunidad. No, debían de ser los hipsters de 1914, atraídos por el *succès de scandale* y ansiosos por escandalizarse, por recibir la sobredosis de dopamina. Sus neuronas estaban preparadas sin haber oído jamás esos sonidos. De hecho, la imagen resulta borrosa a menos que podamos calcular el efecto que los conceptos recibidos y la identificación social tienen sobre los procesos neuroauditivos íntimos.

Pero ese campo todavía está muy verde. No me sorprendería que las variaciones de la química cerebral individual permitieran explicar las preferencias sobre gustos: tal vez los seguidores de Céline y yo no nos ponemos de acuerdo sobre si su música es novedosa porque mi cerebro está más enganchado a la dopamina que los suyos. Asimismo, que las filas de los aficionados a la música extravagante estén llenas de individuos con dificultades de socialización podría indicar que su inconformismo no es totalmente voluntario. (Artista, autista: ojo a cómo lo pronunciamos.)

Pero, en mi opinión, el prejuicio de que *conformidad* es un término peyorativo nos ha llevado a subestimar el papel que la mimesis (imitación) tiene en el gusto. Siempre son los demás quienes siguen a la multitud, mientras que mi propio gusto es un reflejo de mi singularidad. Podemos ver una muestra del efecto mimético en un experimento llevado a cabo por un grupo de sociólogos de la Universidad de Columbia, que encontraron en Internet un medio ideal para generar simulaciones a gran escala del comportamiento de la cultura de masas, aislado de la influencia de la publicidad y otros factores de distorsión. Los investigadores crearon un sitio web (como explica uno de los miembros del equipo, Duncan J. Watts, en un artículo de 2007 en *New York Times Magazine*) llamado Music Lab y pidieron a los 14.000 participantes registrados que «escucharan, valoraran y, si así lo decidían, se descargaran canciones de bandas de las que no habían oído hablar nunca».

Un grupo podía ver solo los títulos de las canciones y los nombres de las bandas; los demás grupos estaban divididos en ocho «mundos» y podían ver qué canciones acumulaban más descargas en su «mundo». En estos «mundos de influencia social», en cuanto una canción generaba unas pocas descargas, había más gente que empezaba a descargarla. Las canciones con una alta valoración obtenían resultados algo mejores, pero cada mundo tenía unos hits distintos en función de qué canciones hubieran cuajado inicialmente. Los investigadores bautizaron ese efecto como «ventaja acumulativa», una regla según la cual la popularidad tiende a amplificarse de forma exponencial. (En el grupo de control, los índices de calidad y la popularidad solían coincidir.) ¿Significa eso que las personas somos lemmings? No, solo que somos sociales: sentimos curiosidad por lo que los demás escuchan, queremos formar parte de algo, tener cosas en común sobre las que hablar. También nos sentimos inseguros respecto a nuestras opiniones y queremos compararlas con las de los demás. Así pues, es posible que las canciones sean famosas simplemente porque son famosas. Curiosamente, como observa Watts, «introducir la influencia social en el proceso de decisión humano [...] no solo multiplicaba el éxito de los hits, sino que también los volvía más impredecibles».

Tal vez la conformidad semialeatoria de la ventaja acumulativa permite explicar por qué la historia del arte no está plagada de paisajes azules. Cuando los «primeros seguidores» de Picasso lo hicieron famoso, su reputación se infló a sí misma: la mutación se convirtió en convención, aunque inicialmente sus cuadros gustaran a poca gente. La inseguridad respecto al propio gusto resulta ser un requisito para el crecimiento artístico.

La estética es la disciplina que se creó para combatir esta inseguridad, pero, teniendo en cuenta que la filosofía del arte existe desde hace por lo menos tres siglos (por lo menos desde la Ilustración, y mucho más si incluimos a Aristóteles), debemos admitir que no ha cumplido con las expectativas a la hora de explicar los gustos. Ha analizado con elegancia los múltiples modos de funcionamiento de los elementos del arte, pero al abordar los conflictos relacionados con el gusto, más que iluminar de forma convincente ha solido limitarse a racionalizar retroactivamente. Y no solo eso, sino que, por lo general, sus veredictos sobre qué es el «buen gusto» han tendido a alinearse convenientemente con los gustos de cada autor en cuestión.

En un ensayo fundamental, *Del estándar del gusto* (1757), David Hume describe a la persona con gusto en unos términos que parecen intuitivamente correctos: «Un sentido fuerte, unido a un sentimiento delicado, mejorado por la práctica, perfeccionado por la comparación y desprovisto de todo prejuicio, es lo único que debe permitir a los críticos adoptar ese valioso título; y el veredicto combinado de dichas personas, dondequiera que se encuentren, es el verdadero estándar del buen gusto y la belleza». Pero eso, en realidad, es la descripción de la labor del crítico, no un estándar del gusto. Para eso, Hume solo puede apelar a la autoridad: la persona con gusto apreciará obras que luego superarán la prueba del paso del tiempo, las mismas obras que gozarán de la aprobación de las personas con gusto más tarde. Se trata de una visión tautológica, basada en la supervivencia de los más fuertes, que no sirve para resolver las discrepancias sobre gustos de nuestra época actual. La afirmación de Hume de que al crítico se le deben presuponer una experiencia y unos conocimientos amplios podría calificarse también de prejuicio, un sesgo a favor de la tradición que probablemente castigaría cualquier desviación de los estándares «elevados» y supondría un obstáculo para la creación de estándares nuevos. Se trata exactamente del tipo de prejuicio que impidió que la mayoría de los popes de la alta cultura aceptaran la música pop o el cine como formas artísticas hasta la década de 1960. Hume reconoce la necesidad del cambio en el arte, pero infravalora la determinación con la que su élite de aristócratas del gusto le plantarían cara: asegurar que uno es al mismo tiempo experto e imparcial es suficientemente paradójico como para concluir que el crítico ideal de Hume, por definición, no puede existir.

El otro tatarabuelo de la filosofía estética es Immanuel Kant. Su tercera crítica, la *Crítica del juicio* (1790), parte, igual que el ensayo de Hume, del dilema de que la gente pueda no ponerse de acuerdo sobre qué es bello. Pero las partes más deslumbrantes de esta tercera crítica son sus descripciones de la naturaleza de la belleza y de lo sublime, así como su argumentación sutilmente cinética sobre cómo la razón, la imaginación y la percepción interactúan en un «movimiento libre» para generar juicios estéticos: Kant parece poco menos que intuir, dos siglos antes que ningún otro, que diferentes partes del cerebro se activan simultáneamente cuando escuchamos música, tal como describe el libro de Levitin. Sin embargo, al intentar explicar por qué esos procesos producen opiniones encontradas, Kant recurre también a la fantasía de que existe un *sensus communis*, un sentido común de la belleza, que generaría un consenso si se dieran las condiciones «ideales», que incluyen una educación vasta, tiempo libre, etcétera. La unanimidad estética nos es esquiva solo porque las circunstancias distorsionan las percepciones de algunas personas. El lector moderno no puede evitar tener la sensación de que las condiciones ideales de Kant se parecen sospechosamente a la vida que debía de llevar un aristócrata educado del siglo XVIII en la cultivada ciudad de Königsberg. No es ya que ese «sentido común» resulte poco convincente desde el punto de vista contemporáneo, que otorga tanto valor a la diversidad, es que ni siquiera parece deseable.

Pero algunas de las observaciones de Kant todavía nos parecen cruciales. El filósofo alemán fue el primero en postular que los juicios estéticos son imposibles de probar por naturaleza, que no se pueden reducir a la lógica. Y, no obstante, señaló, siempre parecen necesarios y universales: cuando pensamos que algo es fantástico, queremos que los demás también lo piensen.

Poco después de Kant y Hume, cuyas contribuciones fueron de las más destacadas dentro de una disputa mucho más extendida, la filosofía decidió archivar en gran medida la idea de la veracidad del gusto. El «hombre con gusto» se convirtió en una caricatura, una figura salida de una obra de Molière o de Oscar Wilde, el dandi que dedica más atención a formalidades y a cuestiones estilísticas que a valores más profundos. (De hecho, el retrato definitivo de ese personaje se escribió en plena Ilustración, en el extraordinario *El sobrino de Rameau*, de Denis Diderot.) Muchos escritores (entre ellos Nietzsche) han fustigado a Kant, sobre todo por decir que la persona que aprecia la belleza debe ser «desinteresada» y adoptar una distancia personal respecto a los orígenes, el contenido y las implicaciones —respecto al significado, si se quiere— de la obra de arte.

El gran crítico de arte estadounidense Clement Greenberg, uno de los pocos pensadores contemporáneos que han abordado la cuestión, sugirió que en el siglo XIX la ideología romántica elevó el arte y le concedió tal estatus sagrado que de pronto parecía una torpeza llamar la atención hacia el proceso que debía evaluarlo. Siguiendo a Kant, Greenberg ofreció brillantes descripciones del «interruptor» mental que se acciona cuando observamos algo de forma estética —como podemos hacer con cualquier cosa, aseguró, no solo con el arte, sino también con, por ejemplo, un objeto, una escena o una persona como «un fin en sí mismo», aislado de otros roles o usos—, haciéndose eco de la definición de Kant de la belleza como «finalidad sin un fin». Greenberg también se mostró lúcido al señalar la insinuación de Kant de que disfrutar el arte es también juzgarlo: te gusta porque te proporciona placer, pero no te puede proporcionar placer si no te gusta.

Sin embargo, la respuesta de Greenberg al conflicto de los gustos fue la misma que diera Hume: sabemos que hay un gusto objetivo porque, con el paso del tiempo, hemos alcanzado un consenso respecto a las mejores obras del pasado. (Poco importa que todo lo que el consenso de las generaciones pretéritas dejó de lado seguramente se haya perdido y difícilmente podrá interferir en el consenso actual.) El gusto más objetivo del presente, dijo, está en manos de quienes dominan profundamente ese canon pero también están abiertos a la novedad. Una afirmación que (menuda sorpresa) se parece mucho a lo que dijo el mismo Clement Greenberg, cuya apertura de miras, sin embargo, decayó a mediados de la década de 1960, cuando empezó a dejar por los suelos los nuevos movimientos artísticos, que consideraba degeneraciones del modernismo, en el que había basado su reputación como crítico: un caso flagrante de contradicción entre dirigismo y flexibilidad. Eso por no mencionar su rechazo de la cultura de masas, que primero calificó de «kitsch» y, más tarde, de *«middlebrow»*,[*] pero que, en cualquier caso, consideraba enemiga de la cultura «genuina».

Más que a través de la ciencia o de la filosofía, la historia de cómo el juicio estético desembocó en la crisis percibida por Komar y Melamid se entiende mucho mejor si se ve como un producto del arte occidental en sí mismo. Para simplificar, el desencanto empieza cuando se desprovee al arte visual y musical sobre todo de su papel religioso, en el que la Iglesia (y, retórica-

---

[*] El término *middlebrow* se empleó por primera vez en Gran Bretaña en 1925 para denominar la cultura intelectualmente más accesible y modesta, por oposición a la alta cultura (o cultura *highbrow*). Esta terminología tiene su origen en la frenología, una pseudociencia de tintes racistas en boga durante el siglo XIX que pretendía establecer una relación entre rasgos faciales e inteligencia. Así, *middlebrow* (literalmente 'frente media') denomina un arte supuestamente menos sofisticado que el arte *highbrow* ('frente alta'), pero más que el *lowbrow* ('frente baja'). *(N. del t.)*

mente, Dios) es el crítico definitivo. Tras la Ilustración, el arte va perdiendo gradualmente su estatus aristocrático y adquiere un estatus burgués. Los románticos, como reacción, celebran el genio artístico como un agente autónomo de revelación, que se mantiene orgullosamente apartado de la sociedad. El modernismo afila más aún las aristas del estatus del outsider: la misión del arte ya no consiste tan solo en revelar una verdad superior, sino también en atacar la falsedad social. La simple idea de *belleza* se convierte en una capitulación de segunda categoría a los valores burgueses; ahora la fealdad, la obscenidad, la deformación y la aleatoriedad pueden formar parte del mejor de los gustos. La innovación se convierte en el patrón central, mientras los artistas intentan continuamente ir más allá de los gustos, violentar sus términos o convertirlos en algo intrascendente. La idea es que para forjar una conciencia superior no basta con deleitar al público con una novedad, sino que también hay que lanzar un ataque sorpresa contra la vieja y decadente conciencia burguesa. Como señala el crítico Boris Groys, «hoy no es el observador quien juzga la obra de arte, sino la obra de arte la que juzga —y a menudo condena— a su público». Las motivaciones son muy diversas: para algunos se trata de una fe de inspiración psicoanalítica hacia lo irracional; para otros, de una política revolucionaria o de simple misantropía; para la mayoría, se trata de lo que hacen los bohemios. E, inesperadamente, alcanzan su objetivo. No es que el gusto desaparezca, pero la expectativa de alcanzar un consenso se debilita.

Eso es así porque el gusto convencional ha recibido ataques desde muchos flancos distintos. Se trata de una consecuencia del decepcionante curso del siglo XX, que se expresa en la pregunta de Theodor Adorno sobre cómo es posible escribir poesía después de Auschwitz. Pero sobre todo se trata de un envite más optimista y amable de la paradójica relación entre el capitalismo —que busca la eliminación de barreras para alcanzar todos los mercados posibles— y la democracia, que fomenta la idea según la cual la opinión de la élite no es mejor que las demás. (Hoy ambos conceptos han sido suplantados por sus excrecencias avanzadas, la globalización y las políticas identitarias.) El vehículo más poderoso de esa identidad es la cultura de masas: la música pop, las películas, la ficción de género y las revistas son tan atractivas, y cumplen una función estética tan importante para tanta gente, que los snobs no pueden plantarles cara. Con el advenimiento del arte pop, la estética afectada y el rock 'n' roll, los conceptos de *highbrow*, *middlebrow* y *lowbrow* —que han dominado el debate artístico desde los albores de la cultura de masas (véase *American Culture, American Tastes*, del historiador Michael Kammen)— empezaron a desmoronarse. A principios del siglo XXI ya casi nadie cree en ellos.

Entre los propios artistas, el proceso continuo de violentación de los límites parece haber llegado a un punto muerto, o cuando menos a una situación de agotamiento, y el eclecticismo del todo vale ha ocupado su lugar (el crítico y filósofo Arthur Danto se refiere a ello como «el final de la historia del arte» o «postarte»). Entre los públicos, la fragmentación y subculturización crecientes han provocado resultados similares: por mucho que los seguidores del *indie* rock y los de la música clásica, los fans de la ciencia ficción y los de la arquitectura, los *rockabillies* y los partidarios del swing, el hip-hop y o la salsa estén convencidos de sus propios gustos, se han acostumbrado a la idea de que los diferentes «mundos del gusto» pueden coexistir de forma pacífica, sin necesidad de ningún tipo de inspección o validación externa, oficial.

Inicialmente, este cambio desencadenó el surgimiento de la crítica de la cultura pop. Aunque un puñado de críticos había escrito ya sobre películas y jazz, la cultura pop y de masas en América del Norte había estado relegada mayoritariamente al periodismo ligero hasta la aparición de críticos cinematográficos como Pauline Kael y Andrew Sarris (con sus equivalentes en Francia) y de la prensa «contracultural», que permitió la aparición de la crítica de rock de la mano de gente como Robert Christgau, Greil Marcus, Lester Bangs o Ellen Willis. Si los críticos de cine solían argumentar que el cine merecía tanto respeto como el arte elevado, los críticos de rock adoptaron una postura más radical contra el gusto elitista y afirmaron que no había ninguna obra tan humilde que no fuera digna de contemplación estética; en otras palabras, que las calidades «inferiores» o «impuras» de un formato podían en realidad constituir su punto fuerte. A medida que el campo fue creciendo, esa actitud se fue suavizando: algunos críticos reintrodujeron las jerarquías tradicionales con formatos actualizados; empezó a tomar cuerpo el concepto poco definido de canon del pop|rock con libros como las *Rolling Stone Record Guides*; otros seguidores y críticos, especialmente después del punk, adoptaron una actitud dura contra quienes se «vendían» a una industria del entretenimiento que, al igual que Greenberg o Adorno antes que ellos, consideraban un ardid capitalista para endosar un producto estúpido a un público obtuso; etcétera. Los debates sobre «rockismo» y «popismo» son síntomas de la incomodidad actual respecto a los estándares y la subjetividad, como, desde luego, también lo es este libro. Pero el objetivo de destronar las ortodoxias del gusto sigue formando parte del legado de la crítica pop, hasta el punto que puede ayudar a desencadenar su propia extinción: porque en el contexto de lo que más de un crítico ha bautizado como una cultura *No-Brow*, ¿quién necesita críticos profesionales? ¿Qué puede ofrecer un crítico si no es objetividad?

Lo preocupante del anárquico universo del gusto (utópico o distópico, según la ideología de cada uno, pero un universo que no podemos hacer desaparecer solo deseándolo) es la persistencia de un gusto convencional, lo que Greenberg y su contemporáneo Dwight Macdonald habrían denominado cultura *middlebrow*, la esfera dominante donde Céline Dion es la reina, ajena a cualquier tipo de subcultura validadora. El *middlebrow* es el nuevo *lowbrow*, y el gusto convencional el único gusto por el que uno todavía tiene que pedir disculpas. Y ahí es donde el gusto parece menos una cuestión estética que, una vez más, una cuestión social: entre los miles de estetas, frikis y seguidores por simple hobby, cada uno con su dieta cultural hecha a medida, la cuestión permanente dentro de la cultura convencional es: «¿Quién demonios es esa gente?». A lo mejor Komar y Melamid tienen razón y la forma de llegar al corazón de los gustos hoy en día es a través de una encuesta.

8

Hablemos de quién tiene mal gusto

La encuesta a la que me refiero, realizada en Francia a mediados de la década de 1960, la llevó a cabo un grupo de investigadores liderados por el sociólogo Pierre Bourdieu. El sondeo preguntó a miles de personas qué tipos de cultura conocían y les gustaban, y de cuáles participaban. Las preguntas no se limitaban al terreno artístico, sino que también abarcaban el ámbito del deporte, las aficiones, la comida, la ropa y el mobiliario, los periódicos y programas de televisión que seguían, etcétera. Todos esos datos se cruzaron con información sobre ingresos, niveles educativos, historia familiar y ocupación, y el estudio se complementó con entrevistas en las que los sujetos de la encuesta exponían y defendían sus preferencias.

El resultado fue un hito de la ciencia social, y quedó recogido en el libro de Bourdieu *La distinción. Criterio y bases sociales del gusto* (1979). Atención al subtítulo, que es una peineta en toda regla a la idea kantiana de la Ilustración que proponía un juicio estético desinteresado: para Bourdieu, el gusto es siempre interesado (y, más concretamente, interesado por uno mismo), y ese interés es social. Sus teorías postulan una estética social hasta el tuétano, un conjunto de eufemismos que conforman un sistema marcado por la desigualdad y la competencia: si te estremeces al ver un ejemplar de *Let's Talk About Love* o de *El código Da Vinci* en la estantería de un amigo, lo que intentas es no terminar mancillado por su desprestigio, protegerte de la amenaza de la inferioridad social.

¿Qué llevó a Bourdieu a estas conclusiones? Los datos que se derivaron de su encuesta confirmaban los estereotipos hasta un grado asombroso. Los franceses de clase trabajadora conocían y preferían la cultura relativamente *lowbrow*; la clase media prefería obras y artistas *middlebrow*; y la clase más acaudalada consumía cultura *highbrow*. Las elecciones estéticas y de estilo de vida se agrupaban según divisiones todavía más específicas dentro de cada clase: los obreros fabriles tenían gustos diferentes que los trabajadores de centros comerciales; a los oficinistas no les gustaba lo mismo que a los pequeños empresarios; y los gustos de los cirujanos diferían de los que tenían los ejecutivos de grandes empresas.

Pero fue al preguntarles por los motivos que había detrás de sus preferencias cuando Bourdieu hizo saltar por los aires las suposiciones incrustadas en todo el sistema *Brow*. Lo que descubrió fue que la gente más pobre enfocaba sus gustos de forma más pragmática y los describía como entretenidos, útiles y accesibles. En cambio, de la clase media hacia arriba, la gente recurría a justificaciones más grandilocuentes. De un lado, estaban mucho más seguros de lo que no les gustaba, de qué era hortera o cursi. Pero también ofrecían muchos detalles de cómo sus gustos eran un reflejo de sus valores y de su personalidad, y de las áreas en las que deseaban ampliar sus conocimientos.

La interpretación de Bourdieu fue que los gustos eran herramientas estratégicas. Si bien los gustos de la clase trabajadora parecían poco menos que una opción por defecto (que servía como mucho para expresar pertenencia de grupo y solidaridad), para los demás el gusto no era solo un producto del propio trasfondo económico y educativo, sino que, en la medida en que se desarrollaba a lo largo de la vida, representaba también una fuerza que se movilizaba como parte del deseo de mejorar el estatus social (o, para usar el término de Bourdieu, poder simbólico). Lo que hemos acordado llamar *gustos*, decía, son en realidad una serie de asociaciones simbólicas que usamos tanto para distinguirnos de quienes ostentan un estatus social inferior al nuestro como para aspirar al estatus que creemos merecer. El gusto es una forma de diferenciarnos de los demás, de perseguir la distinción. Y su producto final es la perpetuación y la reproducción de la estructura de clases.

Seguramente ese argumento parece menos contraintuitivo si se expresa en términos de la psicología de la evolución: si los seres humanos tienen el impulso de mejorar su estatus social para conseguir parejas y garantizar la seguridad de su prole, Bourdieu propone que el gusto es una herramienta al servicio de esos instintos, que se usa para conseguir una ventaja competitiva. Y en una sociedad capitalista, esa competición se estructura (y se exacerba) según criterios de clase, para favorecer a la élite dominante.

¿Decía Bourdieu que en cuanto te conviertes en directivo de banca automáticamente empieza a gustarte la música que les gusta a los directivos de banca? No, el proceso no es tan mecánico. A diferencia de la visión reduccionista de los anteriores teóricos marxistas de la cultura, Bourdieu quiso señalar que experimentamos los gustos al mismo tiempo como atracciones espontáneas y como elecciones personales. Ajustar la individualidad y la voluntad a la regularidad de estos datos requería nuevos términos conceptuales. Para ello Bourdieu postuló una analogía económica: imaginemos que el capital se presenta con un formato distinto al del dinero y las propiedades, por ejemplo como capital cultural (conocimientos y experiencia de la cultura, ideas y referencias) y capital social (conexiones personales e influencia), términos acuñados por Bourdieu que posteriormente han adquirido un uso común. Como sucede con el dinero, el valor del capital cultural y social depende de la escasez, de saber lo que otros ignoran. A veces las formas de capital son intercambiables: uno puede comprar conocimiento cultural mediante la educación, y eso puede traducirse en mejores empleos y conexiones; pero a menudo no lo son: un profesor universitario puede atesorar un vastísimo capital cultural y social, pero no puede exigir el sueldo de un director general de empresa. Para Bourdieu, la clase depende no solo de los ingresos o del empleo de cada uno, sino también de la cantidad de esos tipos de capital que posea y de cómo se combinen.

El segmento de clase en el que hayamos nacido, crecido y en el que nos hayamos educado conforma lo que Bourdieu denominó el *habitus*, que abarca tanto el hogar como las costumbres de cada uno: las actitudes, capacidades y expectativas generadas por nuestra educación. A partir de ahí, y de forma consciente o inconsciente, cada uno toma unas decisiones u otras para maximizar su satisfacción vital dentro de los límites concebibles desde su *habitus*, que no dicta lo que uno debe hacer, sino que actúa como filtro en cuanto a preferencias y toma de decisiones. Es como un músico de jazz improvisando sobre un estándar: puede alterar las notas y los ritmos de la melodía, pero la improvisación estará limitada por el tempo y los acordes de la pieza original. Escoger fuera de estos parámetros equivaldría a tocar «mal» y de forma discordante, y supondría exponerse al fracaso y al ostracismo. (En el quiosco de música de Bourdieu no existe el *free jazz*...)

Junto con el *habitus*, las otras grandes estructuras sociales para Bourdieu son los campos: instituciones sociales o redes a través de las que perseguimos nuestros objetivos, ya sean campos políticos, culturales, corporativos, académicos, legales, médicos o religiosos (cada uno de los cuales incluye subcampos con sus propias reglas y jerarquías). La búsqueda de la distinción tiene lugar dentro de esos campos. Los gustos son el resultado de la interacción entre el *habitus* y el campo —intentos, condicionados por nuestro historial de mejorar nuestro estatus acumulando capital cultural y social en esferas concretas— y, sobre todo, buscan impedir que nos confundan con alguien con un estatus inferior. Bourdieu escribió que «seguramente los gustos son sobre todo aversiones, reacciones a la contra provocadas por el horror o la intolerancia visceral ante los gustos de los demás».

Bourdieu no dice que la gente finja que le gusta o le disgusta la cultura que le gusta o le disgusta, tratando así de engañar a los demás para que tengan una opinión más elevada de ellos. El placer de escuchar una música o de presenciar un acontecimiento deportivo es evidentemente real. El argumento es que los tipos de música y de deporte que elegimos, y cómo hablamos de ellos, responden a claves sociales, que los filtros culturales y los conceptos que guían mis intereses y mis reacciones respecto a la música, la ropa, las películas o la decoración del hogar son consecuencia de mi clase y de mi campo. En el peor de los casos, me estoy engañando a mí mismo, pero, al mismo tiempo, tengo la sensación de que el beneficiado soy yo.

La idea de que nuestros gustos responden a un subtexto social tampoco es tan extraña: puedes ser un hijo de papá que estudia música en Julliard y que asocia la autenticidad con la marginalidad de los suburbios urbanos o bien con los remotos entornos rurales, y sentirte más real si escuchas a Snoop o si limpias el piso con música *bluegrass* de fondo. Puede que las fraternidades de estudiantes y las madres que acompañan a su prole a los partidos te entusiasmen menos de lo que crees, y que evites los tipos de música que evocan a esos tipos de gente. O puede que seas una de esas madres y que escuches Slayer, porque quieres seguir siendo un poco joven y salvaje, no como esas otras madres que escuchan a Sheryl Crow.

En términos de principios del siglo XXI, y para la mayoría de la gente de menos de cincuenta años, la distinción se reduce a ser *cool* o no serlo. Eso combina el capital cultural y el capital social, y es una clara ruta potencial de acceso al capital económico. Las grandes empresas y los prescriptores culturales anhelan tanto como las personas individuales forjarse una imagen *cool*, por cuanto eso supone un cambio de atributos en medios distintos. Por mucho que digamos, muy pocos de nosotros somos verdaderamente indiferentes a lo *cool* y podemos evitar sentir cierta ansiedad por si no lo somos lo suficiente, y la teoría de Bourdieu ilustra por qué no se trata de algo meramente superficial: no ser *cool* tiene consecuencias materiales. Nuestras oportunidades sexuales, ascensos laborales y respeto profesional, e incluso nuestra seguridad elemental pueden depender de ello. Ignorar lo que es *cool* puede traducirse en un descenso en el escalafón social en un momento en el que mucha gente pierde el tren de la clase media.

Ni siquiera evitar deliberadamente ser *cool* va a salvarte, pues eso no es más que un intento de subvertir las normas para sacarles provecho. En este sistema de capital cultural, tener un placer inconfesable, por ejemplo, puede ser un activo, porque sugiere que eres tan *cool* que puedes permitirte el riesgo de hacer algo tonto, torpe o embarazoso, algo que te vuelve todavía más *cool*. Alguna gente con verdadero estilo, como Andy Warhol o John Waters, pueden forjarse un perfil de gustos formado exclusivamente por placeres inconfesables y ser súper *cool*, pero para ello hace falta, por lo menos, capital social, de modo que el entendido kitsch pueda distinguirse del tipo raro al que solo le gustan memeces. (Para que tú seas *cool* alguien tiene que serlo menos que tú.)

La forma más clara de entender la distinción es exponerla en términos de instituto: pongamos que eres un chico blanco y empollón de quince años que escucha *High School Musical* (si eres demasiado mayor para saber qué es *High School Musical*, sustitúyela por la obra de Andrew Lloyd Webber que prefieras), y que un día te enteras de que tienes posibilidades de hacerte amigo de los chicos duros que fuman detrás de la escuela. Inmediatamente empiezas a escuchar *death metal* y a llevar chupas vaqueras llenas de agujeros. No se trata de un ardid: te acabas de dar cuenta de que puedes tener esos gustos, que se trata de algo plausible y emocionante. En este caso, el *death metal* es capital cultural, las pandillas de instituto son los campos y tu *habitus* es lo que seguramente determinará si sabrás adoptar la jerga y el peinado. Tu instinto te empuja a apartarte de los empollones y a convertirte en uno de los chicos duros que, casualmente, detesta *High School Musical* (o *Cats*) a muerte, pues la considera música de empollones.

El cliché *indie*-rock de «antes me gustaba esa banda» —o sea: hasta que empezó a gustarle a gente como tú— es un claro mecanismo de distinción. De hecho, la distinción ayuda a explicar la rapidez de los cambios artísticos (los artistas compiten por distinguirse) y, también parte de la resistencia: los cambios de estilo amenazan con arruinar el capital cultural de algunas personas, con reducir el estatus de quienes se asociaban a sí mismos con el estilo anterior. Bourdieu afirma que la innovación llegará normalmente de la mano de los individuos de un campo que todavía no gocen de una posición segura, y que intentarán cambiar el juego a su favor, mientras que quienes ya estén consolidados, sean artistas, curadores, críticos, productores o lo que sea, intentarán mantener vigentes durante tanto tiempo como puedan las normas con las que ganaban.

La distinción también puede desmitificar la afirmación de Kant según la cual el gusto busca siempre la aprobación de los demás. Tu predilección por el hip-hop o tu odio hacia Céline Dion (o viceversa) forma parte de tu capital cultural, pero solo adquiere valor en la carrera por la distinción si está legitimada en los contextos que a ti te importan. No obstante, y a diferencia de Kant, Bourdieu diría que lo último que quieres es que ese argumento sea universal: deseas que tu gusto se vea reafirmado por tus iguales y por las personas a quienes admiras, pero es igualmente importante que el paleto de tu tío crea que eres un idiota porque escuchas rap de mierda. Porque eso demuestra que te has distinguido de él con éxito y puedes regodearte en la satisfacción que se deriva de tu superioridad.

Si estamos de acuerdo en que ser *cool* o no serlo tiene una tremenda influencia —y que ser *cool* es una categoría social, no un atributo natural (con la posible excepción de Keith Richards)—, somos todos bourdievianos.

Una de las ideas más chocantes de Bourdieu es que también existe un antagonismo inherente entre las personas que ocupan campos estructurados básicamente alrededor del capital cultural y las que ocupan campos que se rigen fundamentalmente por el capital económico: aunque, en una sociedad, los artistas e intelectuales con prestigio forman parte de la clase dominante gracias a su educación e influencia, dentro de dicha clase constituyen un segmento dominado si se los compara con la gente rica de verdad. Eso permite explicar por qué hay tantos artistas, periodistas y académicos que se ven a sí mismos como personas subversivas y contrarias al *establishment*, a pesar de que la mayor parte del público los considera unos elitistas engreídos. Esa rivalidad entre capital cultural y económico se traslada también a las clases menos privilegiadas, lo que tal vez motiva a los maestros de escuela a votar por los Demócratas (el partido actualmente asociado con el capital cultural) y a los trabajadores de la industria automovilística a votar a los Republicanos (simbólicamente, el partido del capital económico).

El gusto artístico es especialmente competitivo entre las

personas cuyo principal activo es el capital cultural. Por eso el instituto ejemplifica de forma tan clara cómo opera la distinción a partir del gusto artístico: no se trata solo de que el instituto sea un campo que todos conocemos, sino que, además, se rige exclusivamente en función del capital cultural y el capital social, mientras que el dinero tiene un papel secundario. En la vida adulta, el gusto musical y otros tipos de gusto solo mantienen la importancia que tenían en el instituto en campos centrados en la cultura, como los círculos artísticos o académicos. Conviene no olvidar, no obstante, que Bourdieu define los gustos de forma muy amplia, hasta el punto de incluir los gustos sobre ropa, comida, actividades de ocio, arquitectura e interiorismo, deportes, medios de comunicación, etcétera. No es difícil ver cómo el gusto sigue desempeñando un papel relevante en la posición social de los adultos en ámbitos como el de los negocios o la política.

La teoría de la distinción recuerda la famosa crítica de Thorstein Veblen sobre el consumo ostentoso, pero se presta menos a una interpretación autoindulgente errónea. No es que haya gente obsesionada con no perder comba con el vecino y gente menos materialista que pasa más del tema. El consumo no ostentoso también puede tener como objetivo distinguirse: nos distingue de la gente hortera y materialista. Aquí no se salva nadie.

Y lo mismo puede decirse de los diversos campos artísticos. Las herramientas de Bourdieu suponen una revisión de la crítica de la Industria Cultural que realizó la Escuela de Frankfurt a mediados de siglo XX, y en la que Theodor Adorno y Max Horkheimer (que habían sido testigos directos de cómo los nazis usaban la comunicación de masas para fines propagandísticos) se refirieron a la cultura popular como si se tratara de una conspiración casi fascista para insensibilizar y atontar a las masas. ¿Y si el campo de la cultura de masas es sencillamente otro ámbito de competición para lograr la distinción, ni más ni menos corrupto que los demás? Bourdieu (que murió en el año 2002 a los setenta y un años) tampoco era partidario de la cultura de masas, pero sus teorías implicaban que la alta cultura es por lo menos igual de culpable de las desigualdades sociales que la cultura popular y está plagada de estratagemas para incrementar su propio estatus y, al mismo tiempo, menoscabar el de las culturas subalternas. Según la visión de Bourdieu, si existe algo así como una falsa conciencia, todo el mundo la tiene, por lo menos hasta que asume la naturaleza social de sus gustos. Se trata de un útil correctivo a los sesgos de los seguidores y críticos que consideran que, por lo que sea, la música alternativa o independiente está intrínsecamente menos obsesionada con el estatus y es más auténtica que la música pop (en lo que constituye una simple repetición, acaso menos congruente, del ataque anticomercial de Adorno contra el jazz).

El tránsito de lo distinguido a lo *cool* nos coloca ante uno de los problemas que se derivan de aplicar el modelo de Bourdieu casi cuarenta años después de sus investigaciones: su sondeo original no reflejaba la reestructuración relativamente reciente de las categorías del gusto, el aparente desplome de la alta y la baja cultura en una sociedad *No-Brow* en la que un conocimiento profundo de *Buffy, cazavampiros*, la moda *ganguro* de Japón o los últimos artistas de grafitis pueden tener más caché que una conversación sobre Molière, Schoenberg o Donald Judd. ¿Significa eso que su teoría está pasada de moda?

No. Para Bourdieu, que los objetos de buen gusto en un momento dado sean unos u otros es lo de menos: aunque cambie el valor de la *x*, la ecuación sigue siendo la misma. De hecho, Bourdieu observó que determinadas piezas musicales que en su día se consideraron refinadas o pertenecientes a la alta cultura, como la sonata *Claro de luna*, pueden pasar a ser *middlebrow* cuando las conocen suficiente gente. Su naturaleza relativamente poco *cool* no es un atributo de la composición en sí, sino de su excesiva popularidad. Con el tiempo, las cosas *cool* dejan de serlo.

Sin embargo, en una cultura de producción de masas e hipermediatizada, las diferentes clases comparten muchos puntos de referencia. Actualmente casi todo el mundo lleva vaqueros y ha pasado más o menos tiempo escuchando música rock. Así pues, existe una mayor combinatoria de la que las teorías de Bourdieu parecían prever. A mediados de 1990, los sociólogos estadounidenses Richard Peterson y Roger Kern sugirieron que el modelo de gustos de la clase alta había pasado de un ideal «snob» a otro «omnívoro», en el que lo más *cool* que podía hacer una persona acomodada y bien educada era consumir un poco de alta cultura combinada con una gran cantidad de cultura popular, arte internacional y entretenimiento *lowbrow*: una ópera contemporánea un día, un *roller derby* y un espectáculo *afrobeat* al día siguiente. Lo que estos sociólogos aventuran es que ese cambio responde a un nuevo requerimiento entre las élites, que, a causa del multiculturalismo y la globalización, hoy deben ser capaces de «cambiar de código» en marcos culturales distintos. (Según el artículo que recientemente le dedicó el *New York Times*, el hijo de Bourdieu, Emmanuel, actualmente un cineasta de cuarenta y tantos años, es el omnívoro perfecto: «Es capaz de hablar con idéntica seriedad sobre la filosofía de Leibniz o sobre *La leyenda del zorro* de Antonio Banderas».) Del mismo modo, Peterson y Kern consideraban probable que los menos privilegiados presentaran patrones de consumo cultural más restringidos; por su parte, otros investigadores creen que pueden existir estilos omnívoros propios para las clases altas, medias y bajas.

Pero en el fondo nadie es un verdadero omnívoro. Tener gusto significa excluir. Una cosa es demostrar que actualmente la gente acomodada escucha música clásica, rock y hip-hop y que combina las novelas literarias con las series de televisión, pero demostrar que no existen jerarquías de preferencia más sutiles requeriría una investigación mucho más profunda, que se antoja abrumadora. La mayoría de los estudios disponibles adolecen de un sesgo inherente: los académicos (como muestran los estudios en sí) son prácticamente el único grupo en la sociedad contemporánea que sigue prestando atención a la alta cultura. Por eso sus encuestas piden a la gente que elija entre Bach, Philip Glass y el hip-hop, y no entre, por ejemplo, el hip-hop de la escena pop, el rap cocainómano y el rap *underground* politizado, aunque cada uno de estos estilos tiene implicaciones identitarias y de estatus distintas. Las distinciones dentro de una cultura que valora el carácter omnívoro son necesariamente más sutiles e injustas, y están sujetas a cambios más rápidos.

Ahora bien, incluso sin esas divisiones más sutiles se pueden detectar sesgos de clase en los gustos omnívoros: en un artículo titulado «"Cualquier cosa menos heavy metal": exclusión simbólica y aversiones musicales», Bethany Bryson, socióloga de Princeton, compiló la información sobre gustos musicales y actitudes políticas del General Social Survey de 1993 (una encuesta anual realizada por un centro de investigación de la Universidad de Chicago) y la clasificó según niveles educativos. Descubrió, efectivamente, que los encuestados con una mayor educación, es decir, aquellos que atesoraban un mayor capital cultural (y que eran también los políticamente más liberales y racialmente más tolerantes), expresaban menos aversiones a los distintos géneros musicales. En particular, los encuestados blancos con una buena educación tenían muchas menos probabilidades de rechazar la música latina, el jazz, el blues y el R&B que otros encuestados blancos. Bryson concluyó que eso era así porque maximizaban su «capital multicultural». Y, sin embargo, había estilos de música que no les gustaban: los cuatro estilos con los seguidores menos cultos, a saber, el rap, el heavy metal, el country y el gospel. En 1993 los sentimientos contrarios al rap eran visibles en todos los grupos, por lo que los omnívoros blancos buscaban distinguirse sobre todo de los blancos de clase baja. (¿Es posible que ese sea el motivo por el que, en comparación con las divas negras, Céline termina expulsada del debate musical a la primera de cambio y sin tantas contemplaciones?)

Además, aunque todos disfrutemos de las mismas cosas, cada clase tiene sus motivaciones particulares. En un estudio publicado en el *Journal of Consumer Research* de 1998, el sociólogo Douglas B. Holt observó una gran mezcla de alta y baja cultura entre sus encuestados, habitantes de un pequeño pueblo de Pensilvania, y especialmente entre los sujetos con un estatus elevado. Ahora bien, a la hora de definir sus elecciones culturales, los encuestados con un «bajo capital cultural» destacaban lo que estas tenían de prácticas y divertidas, su vinculación con la comunidad y lo fácil que era identificarse con ellas, mientras que los sujetos con un «alto capital cultural» afirmaban que sus preferencias demostraban autenticidad, singularidad, calidad, cosmopolitismo y una expresión creativa propia. A grandes rasgos, los encuestados de clase baja consideraban que lo que les gustaba sabía bien, mientras que los de clase alta opinaban que sus preferencias demostraban buen gusto. Como en la Francia de mediados de los años sesenta, los privilegiados tenían la sensación de que sus gustos los distinguían de la prole y los hacían especiales.

Llegados a este punto, debo decir que no creo que Bourdieu tuviera razón al cien por cien.

Estudios recientes indican que si bien es cierto que existe una correlación significativa entre el estatus social —ingresos y educación— y los gustos y aversiones, no se trata necesariamente de una cuestión tan evidente como insinúa el estudio de Bourdieu. Existen otros factores, como la etnicidad, el género y el trasfondo regional, que parecen tener un papel comparable. También hay veces en que los gustos no encajan con categorías sociológicamente mensurables. Tal vez la Francia de la década de 1960 era extraordinariamente rígida y ortodoxa en cuanto a sus estratificaciones de clase (aunque en América del Norte los datos de movilidad entre clases indican que actualmente el individuo medio tiene muchas menos probabilidades de ascender en el escalafón social que hace treinta años), pero lo más probable es que, como sucede a menudo, el estudio de Bourdieu estuviera inconscientemente diseñado para sustentar la teoría en la que su autor creía ya de antemano: podríamos decir que el gusto de Bourdieu por las preguntas de sus encuestas operaba con el objetivo de incrementar su propio capital cultural. Siendo más generosos, podemos argumentar que se pasó de la raya intentando compensar la visión insular, de torre de marfil, de la estética y el gusto como algo desinteresado, una idea que, partiendo de Kant y propagada por la élite cultural, pervivía desde hacía dos siglos, y que Bourdieu alzó tanto la voz porque no tenía otra forma de hacerse oír.

Además de eso, su tendencia a culpar al capitalismo moderno de todos los males del modus operandi del gusto es... en fin, muy francesa. Sospecho que ese acto reflejo que empuja al individuo a intentar mejorar el propio estatus que Bourdieu describió en su trabajo aparecería en cualquier sociedad compleja: es algo que se puede mejorar, pero no eliminar. Además, no empezamos a amar la belleza, a disfrutar de la música, a crear imágenes y a debatir sobre ellas solamente para lograr una ventaja competitiva. Aunque es posible que esas actividades surgieran en parte con ese fin, no es menos cierto que las acometemos por su propio valor, por los beneficios que tradicionalmente se han asociado a la experiencia artística. Pero incluso en el caso de que Bourdieu tuviera razón solo en un 50% —si el gusto fuera un mecanismo parcialmente subconsciente que nos empujara a luchar por acrecentar nuestro poder y estatus, sobre todo censurando a aquellas personas que consideramos que están «por debajo» de nosotros—, eso por sí solo ya implicaría que nuestras preferencias estéticas son el doble de clasistas y discriminatorias de lo que la mayoría querríamos creer.

De hecho, sus conclusiones parecen una explicación por lo menos parcialmente correcta de lo que sucede cuando tengo una reacción alérgica a Céline Dion: intuyo que no hay ningún truco ni reinterpretación sutil a los que pueda recurrir para hacer encajar su música en mi caudal de capital cultural; escucharla únicamente me volvería más ñoño, o sea que me la quito inmediatamente de encima. En cambio, sus fans, que la valoran desde otra clase (o desde otro campo), encuentran en su música algo que seguramente consideran que acrecienta su propio capital cultural, ya sea el valor de su voz, su romanticismo o su occidentalismo, de modo que se aferran a ella.

Además de constituir una advertencia clara contra la tentación de apresurarse a calificar a los músicos de caducos, horteras o *kétaine*, este planteamiento resulta particularmente desalentador en el contexto de nuestro experimento: aun en el caso de que lograra dejar de lado todos mis prejuicios y la ansiedad que me provoca mi estatus de una forma mucho más elemental de la que Hume jamás imaginó, y que encontrara aspectos de la música de Céline susceptibles de ser abrazados, el estudio sugiere que no iba a apreciarla en los mismos términos que sus fans. Ya el hecho de escribir este libro muestra una voluntad por mi parte de volver a encajarla en mis esquemas de procesamiento cultural preexistentes y clasistas... tal vez encontrándole un sitio dentro de una crítica social. Efectivamente, alguien podría decir con justicia que mi experimento es un intento de expandir mi capital cultural entre los críticos musicales, de conseguir un mayor estatus simbólico demostrando que soy más omnívoro que nadie. Mi única respuesta es que todo lo que hago como crítico está sujeto a críticas similares. ¿Qué se le va a hacer? Es posible que la búsqueda de la distinción reproduzca las estructuras de clase, pero también hace que el mundo siga girando.

No obstante, todo eso depende de si, tal como predijo Bourdieu, los fans de Céline y yo provenimos realmente de esferas de la vida distintas, al menos lo suficiente como para que yo desee desmarcarme de su «mal gusto». El capullo del *Independent* que dijo que los seguidores de Céline procedían seguramente de «una Inglaterra media, vulgar y corriente, invisible para el resto de nosotros», no hizo más que aventurarse en la sociología especulativa bourdieviana y extrapolar el gusto para caracterizar a sus devotos como «abuelas, hombres con esmoquin, niños obesos y vendedores de teléfonos móviles», imágenes que parecen extraídas de *Little Britain*, la serie cómica de la BBC sobre el odio entre clases. Un servidor preferiría algo más empírico, pero no dispongo de un equipo de investigadores que pueda llamar a miles de hogares. Afortunadamente, la compañía discográfica de Céline sí.

Entre enero de 2005 y diciembre de 2006, NPD Group, una empresa de estudios de mercado de Nueva York, elaboró por encargo de Sony un estudio sobre el perfil demográfico de los consumidores estadounidenses de Céline Dion. El perfil no nos dice si tienen sobrepeso o si venden teléfonos móviles, pero lo que sí nos dice resulta bastante revelador. El estudio comparó a los seguidores de Céline con el conjunto de los consumidores de música estadounidenses: en cuanto a la edad, por ejemplo, el consumidor de Céline Dion tenía un 75 % menos de probabilidades de ser adolescente que el del artista medio. Aparte de un pico de seguidores entre los consumidores de veintipocos (que tal vez eran adolescentes cuando salieron *Titanic* y *Let's Talk About Love*), su público tendía a tener más de treinta y cinco años; de hecho, alrededor del 45 % de los seguidores de Céline tenía más de cincuenta años, mientras que estos representaban apenas un 20 % de los consumidores de música en general. Añadámosle a eso el hecho de que el 68 % de sus seguidores son mujeres. ¿Abuelas? Pues sí. De hecho, los fans de Céline tenían un 350 % más de probabilidades de ser viudos que el consumidor musical medio. Se hace difícil imaginar a un público capaz de proyectar una imagen menos *cool* sobre un músico.

Los fans de Céline tenían menos probabilidades de ser negros que el comprador de música medio, aunque un 13 % lo eran. De hecho, y en un reflejo de su estatus de estrella planetaria, estos tenían más probabilidades de no ser ni blancos ni negros que el fan medio de la mayoría de los músicos. Era menos probable que vivieran en la costa que en estados conservadores o de interior (el equivalente estadounidense a la «Inglaterra media»), además de en Florida, el paraíso de las abuelas. Los fans de Céline tendían a comprar sus discos en grandes superficies y a menudo los descubrían a través de la televisión. Asimismo, tenían muchísimas menos posibilidades que otros consumidores de descargarse la música de Internet, ya fuera de forma legal o ilegal.

Pero fijémonos en los factores socioeconómicos más sustanciosos: según este estudio, una parte desproporcionada de su público formaba parte del tramo de población con menos ingresos (por debajo de los 25.000 dólares anuales) y también del segundo tramo de nivel salarial. Sus fans estaban relativamente infrarrepresentados en los tramos con más ingresos (por encima de los 75.000 dólares anuales), pero por lo menos un cuarto de sus seguidores declararon que ingresaban como mínimo esa cantidad. Sin embargo, lo que verdaderamente me sorprendió fue su nivel educativo: las probabilidades de que los fans de Céline hubieran dejado los estudios al terminar el instituto o incluso antes eran significativamente menores que en el caso del consumidor de música medio. La falta de adolescentes en su base de seguidores solo explica ese resultado parcialmente. A menudo sus seguidores declararon tener «algunos estudios universitarios», o sea, que empezaron una carrera pero no la terminaron (o que tal vez obtuvieron un certificado de un *community college*), pero el número de graduados universitarios era solo levemente inferior a la media, mientras que los que habían seguido estudiando más allá de la universidad se situaban ligeramente por encima (esa categoría incluye títulos de posgrado pero también de formación continua).

Es un resultado vago, pero estimula la imaginación. En lugar de los perdedores abyectos del artículo del *Independent*, lo que me imagino es un grupo de personas esforzadas (abuelas incluidas), muchas de ellas empleadas (combinando las estadísticas sobre ingresos y educación) en «profesiones auxiliares», como enfermería, docencia, relaciones públicas, recursos humanos y otras carreras de clase media centradas en el sector servicios. Bourdieu describió a esas personas (con mucha menos simpatía que la que demostró por trabajadores manuales y vendedores) como el sector *middlebrow* definitivo, «la nueva pequeña burguesía», que a su parecer demostraba un exceso de «buena voluntad cultural»: después de desvincularse de su probable raigambre en la cultura de la clase trabajadora, intentaban esforzadamente (aunque no de forma particularmente diestra) adaptarse a lo que consideraban «las esferas elevadas». En sus entrevistas, Bourdieu observó que estos sujetos tenían una moral relativamente puritana, atemperada por una vena sentimental. Albergaban grandes aspiraciones, pero sus perspectivas se situaban muy por debajo de sus sueños, por lo que es razonable imaginar que en este grupo se solapasen el tipo de personas que leen libros de autoayuda y las que asisten a seminarios de motivación. Además, considerando el poco uso que hacen de Internet, por no hablar de la sensiblería retro de Céline, probablemente no sean ni blogueros ni grandes aficionados a las nuevas tecnologías. Entre el sector más acomodado de su público, seguramente encontraríamos a los habituales de Las Vegas: mandos medios, ejecutivos de escalafón bajo y sus familias (o sus viudas), con un porcentaje significativo de inmigrantes emprendedores y estudiantes de inglés. La encuesta no preguntaba por la orientación sexual de los entrevistados, pero es indudable que el público de las divas (y el de Céline en particular) incluye un porcentaje de gays y lesbianas que seguramente introducen un sesgo alcista en las curvas de ingresos y educación.

Dejando a un lado a viudas y abuelas, pienso que este público con un capital cultural de nivel medio no queda tan lejos como habríamos podido imaginar del crítico de pop blanco medio. Por lo general, los críticos tenemos unos ingresos regulares, o ni eso, y aunque la mayoría tenemos títulos universitarios, nuestra experiencia es mucho más autodidacta que de doctorado, un patrón que Bourdieu predijo que se traduciría en un estilo intelectual marcado por la inseguridad y la obsesión por acumular datos, en contraste con la confianza en la propia preparación de una élite cultural perfectamente legitimada. (Si el lector ha conocido a algún crítico de música pop, entenderá perfectamente a qué me refiero.) Cuando un crítico o un entusiasta de la música dice, como sucede a menudo, que descubrir la música o escribir sobre ella le «cambió la vida», creo que lo que se esconde detrás de tanto melodrama es la sensación de que la proximidad con la cultura pop y las palabras nos han salvado de una vida marcada por una carrera servil, unas condiciones de clase media y la callada desesperación que imaginamos que debe de sentir gente como los fans estadounidenses blancos de Céline Dion, lo mismo que de Billy Joel, Michael Bolton y el resto de los músicos de nivel medio, cuyos nombres tan a menudo utilizamos como epítetos. Es posible que nuestras lenguas mordaces den voz a lo que Freud denominó «el narcisismo de las pequeñas diferencias», en la línea de lo que Bourdieu tal vez describiría como una distinción extremadamente frágil. Tal vez por eso se considera que el *middlebrow* es el nuevo *lowbrow*.

Pero ya basta de encuestas. Ha llegado el momento de salir y hablar con los fans de Céline. Aunque solo sea para decirles que lo siento.

9

Hablemos con los fans

En su momento me pareció una buena idea: si quieres encontrar a fans de Céline Dion, ve a Las Vegas y asiste a su espectáculo diario *A New Day*. Pregúntales quiénes son, por qué están allí y qué piensan de la irregular reputación de la estrella. Pero no había contado con Las Vegas. Era mi primera visita y cometí la estupidez de ir solo. Si existe una prueba de laboratorio del antagonismo entre capital económico y cultural, esa es Las Vegas, una ciudad tan puramente mercantilista que el dinero es su propio entretenimiento, interrumpido de vez en cuando por algún espectáculo. En ningún otro ámbito resulta tan obvio que el arte puede ser simplemente un niñato que introduce una breve pausa en la atracción principal, fiduciaria. El alcohol y el sexo se ven reducidos también a meros lubricantes para los efectos financieros secundarios. En este carnaval interminable de la inversión social, toda la belleza está en el dinero, en el sentido kantiano de que tiene un fin en sí mismo. El legendario amor de Las Vegas por las copias, como su Torre Eiffel en miniatura, es un frívolo gesto blasfemo por parte del dinero hacia los sagrados iconos de la cultura. Y si bien desde el punto de vista abstracto todo eso parece bastante saludable, en directo me deprimió profundamente. Soy reacio a apostar y demasiado tímido como para contratar prostitutas, dos características que en Sin City te convierten en un hombre solitario sin nada que hacer. Paseé envuelto por la bruma entre torres doradas y pirámides negras, fuentes de agua danzarina, carteles que podían provocarte un ataque y réplicas de edificios históricos de ciudades en las que preferiría estar, antes de volver cada noche con la cabeza gacha y un botellín de bourbon a mi habitación, donde me dedicaba a ver canales de pago en la tele. Murmurar ocurrencias para mí mismo perdió pronto su encanto. Me sentía como un miembro perdido de la tribu del capital cultural, deportado a una chabacana colonia-prisión dirigida por una falange de coristas que a cada hora ofrecían sesiones de reeducación destinadas a hacerme sentir como un tipo insignificante y con un pene diminuto.

En aquel estado de disminución integral, la idea de entrevistar a los clientes de Caesars me parecía tan absurda como si un campesino que hubiera llegado a Versalles en la década de 1680 se hubiera dedicado a preguntar a los cortesanos qué opinión tenían de Luis XIV. Si hubiera tenido unos accesorios más convincentes que mi pequeña grabadora (un equipo de TV, idealmente), tal vez me habría armado de valor y habría interrumpido las vacaciones de aquella gente con mis salaces preguntas. Pero pronto me di cuenta de que iba a tener que encontrar otro enfoque. Como cualquier periodista atrapado en un callejón sin salida, recurrí a Internet.

La página web más peculiar sobre Céline es seguramente CelineDreams.com, un foro creado en 2001 por el fotógrafo Yuri Toroptsov, que creció en un pueblo de trescientos habitantes de la Rusia rural, se convirtió en fan de Céline durante un viaje de negocios a Corea del Sur y descubrió la interpretación de los sueños durante una clase de psicología en Nueva York. Los lectores de la página envían sueños en los que aparece Céline, y Toroptsov les responde con un amable análisis de pacotilla. He aquí el sueño núm. 67, enviado por Bella, de veintiún años y del Reino Unido: «En mi sueño tenía trece años. Iba sola en avión a Estados Unidos y me presentaba en su casa con los papeles de adopción preparados para que los firmara. Pero al llegar, Céline no estaba y yo tenía un ataque de pánico, porque no tenía billete de vuelta. La criada que me abría la puerta solo hablaba francés y yo no entendía nada de lo que me decía. Cuando la criada estaba a punto de cerrar la puerta, se oía un coche que frenaba en el caminito de acceso. Era Céline. Salía y yo le entregaba los papeles, pero ella creía que era otra fan que esperaba para que le firmara un autógrafo. Entonces yo le contaba que eran los papeles de la adopción y ella sonreía y me cogía de la mano. Y entonces me desperté».

Toroptsov decide generosamente hacer la vista gorda y no mencionar que Bella comete fraude en el proceso de adopción. Su consejo es: «Parece que buscas algún tipo de apoyo externo. En tu sueño, Céline simboliza a la cuidadora ideal. Es una persona conocida, famosa y comprensiva. La criada que habla en francés simboliza los obstáculos y los miedos a los que te enfrentas».

La figura de Céline como madre de reemplazo o como confidente aparece en muchos de los sueños, enviados por fans que tienen entre diez y cincuenta y tantos años. La mayoría expresan deseos de fama (a menudo incluyen un dueto con la cantante), unos pocos son historias románticas y muchos son pesadillas en las que Céline pierde su voz. Pero también hay uno en el que Céline plancha serpientes vivas en la sala de estar de un fan y otro en el que una persona sueña que Céline le ha robado su casco volador. En un tercero, la cantante enjuaga la cara de la persona que sueña usando para ello un gato húmedo, vivo. (Conozco la sensación por haber escuchado sus discos.) En una entrevista con Yahoo.com, Toroptsov reconoció que tiene que filtrar muchos mensajes no tan inofensivos: «Creo que reírse de mí es un factor de atracción importante de mi página». En todo caso, él lo considera «sano».

Esa actitud relajada es frecuente en el mundo de Internet relacionado con Céline, mucho más que en los foros a los que estoy acostumbrado. Como todos los fans, los de Céline intercambian noticias y clips, debaten remixes importantes y comparan a su heroína con otras divas. Se toman con filosofía los ataques tipo «Céline es basura». Los debates más acalorados que he leído giraban en torno a si Madonna y Mariah tienen un talento propio y peculiar o simplemente son unas zorras piradas. El nivel de pornografía relacionada con Céline es mínimo. Colgué un mensaje en el que expresaba mi deseo de entrevistar a fans de Céline, siendo consciente de que al hacerlo estaba sesgando la muestra, ya que los seguidores típicos de Céline no están tan conectados a la Red: ninguna de las personas que se pusieron en contacto conmigo era viuda y las de más edad generalmente no respondieron a mis llamadas. Al final hablé con seis o siete fans más jóvenes de Canadá, Estados Unidos, Gran Bretaña y Brasil. A continuación se incluyen algunos de los mejores momentos.

Joe Nielsen, que vive en Sonoma County, en California, a unos noventa minutos al norte de San Francisco, es el fanático más excesivo de Céline que he conocido. La ha visto en directo «una docena de veces» y tiene una considerable colección de discos suyos. Escribe canciones inspiradas en su estilo y una vez logró colarse en el *backstage* en Las Vegas y trasladar una serie de ideas escénicas que cree que posiblemente se hayan incorporado, reajustadas, a *A New Day*. Uno de los peces gordos de su trabajo, en la oficina de crédito de una tienda de materiales de bricolaje, lo llama «Céline» para provocarlo.

Joe también tiene sus motivos. A diferencia del resto de los habitantes de América del Norte, Joe oyó por primera vez «My Heart Will Go On» en Internet. «La ponían en todas las emisoras de radio, desde luego», dice. «Pero yo pasaba por una mala época y no prestaba demasiada atención.» Tenía quince o dieciséis años. Su madre era alcohólica y su padre estaba en la Marina Mercante y pasaba la mayor parte del tiempo en el mar. Joe también había empezado a ser consciente de que era gay. «Empecé a plantearme el suicidio. [...] Tenía la sensación de que nadie se daría cuenta.» Pero entonces descargó «My Heart Will Go On» y la canción lo ayudó «a salir de la oscuridad y volver a la luz. [...] Me di cuenta de que estaba en la Tierra para ayudar a la gente en los malos momentos y también en los buenos. Sin esa canción, no sé si hoy estaría aquí».

Es imposible no identificarse con la narrativa arquetípica de la historia de Joe: en tu momento más bajo, oyes una canción o lees un libro que hacen que te des cuenta de que no estás solo. Puede tratarse del encuentro artístico más intenso que tengas jamás. Pero habitualmente el músico es alguien como Kurt Cobain o, si se trata de una novela, de *El guardián entre el centeno*. Cuando el talismán resulta ser algo tan trillado como «My Heart Will Go On», la empatía puede evaporarse y podemos empezar a dudar de la salud mental de la persona en cuestión. Y, sin embargo, Joe es bastante elocuente y reflexivo respecto a su admiración: tiene la sensación de que el material de Céline en francés «parece tener un alma o un sentido más profundos» (él no habla francés, aunque le gustaría aprender) y «gran parte de su material en inglés, aunque me encanta, se parece [...] a lo que hace todo el mundo». Le gustan las versiones *dance* de Céline, recopila remixes hechos por DJ y está convencido de que quienes no son fans de Céline no se meterían tanto con ella si supieran que es algo más que «la reina de las baladas».

Joe dejó el instituto en el último año, pero hace poco se sacó el GED.* Cuando hablamos, tenía veintitrés años, iba al gimnasio para intentar perder peso y se había vuelto a mudar a casa de su padre con la intención de ahorrar algo de dinero e irse a vivir con Raymond, su novio. Raymond no era fan de Céline cuando se conocieron. «Es muy interesante tener amigos a quienes no les gustan los mismos artistas que a uno: la diversidad es importante», añade. Joe también ha hecho amigos a través de los foros dedicados a Céline y ha viajado con ellos a Las Vegas. Escucha a Gloria Estefan y a Britney Spears, pero también música country. «Y también a Frank Sinatra, me gusta mucho». Pero, por encima de todo, su sueño es conocer a Céline «para decirle tan solo: "gracias por inspirarme cada día y por convertirme en un ser humano mejor". Y sería increíble que cantara una o dos de mis canciones. ¿Quién sabe?».

Sophoan Sorn, de Stockton, también en California, es otro fan de veintipocos años que sueña con colaborar algún día con Céline; debe de ser algo frecuente en California. Sin embargo, diría que él tiene alguna probabilidad más de conseguirlo: está estudiando producción de cine en San Francisco y hace cuatro años que dirige su propia empresa de fotografía y documentales en Stockton, donde creó y administra el San Joaquin Film Festival y también la serie de documentales multiculturales Stockton Speaks. Además es pianista, compositor, diseñador gráfico y programador web.

Sin embargo, a diferencia de la mayoría de los aspirantes a Quentin Tarantino, Sophoan nació en 1985 en el suelo de tierra de una tienda de campaña en un campo de refugiados de la frontera entre Camboya y Tailandia, al que su familia había llegado

* Certificado de equivalencia de la educación secundaria. *(N. del t.)*

huyendo del ejército vietnamita. Cinco años más tarde la familia encontró un sponsor que les permitió trasladarse a Estados Unidos, donde su padre es pastor de la Iglesia Adventista del Séptimo Día. Sophoan toca a menudo música cristiana con los miembros de su familia. «Estoy muy americanizado, pero al mismo tiempo soy muy camboyano», dice. «Soy definitivamente cristiano, pero aprecio el resto de las culturas y formas de vida.»

Por teléfono, Sophoan es tan locuaz, solícito y amable que, si no supiera nada más de él, creería que va colocado. Habla conmigo desde la calle, mientras corre de un recado al siguiente. Vio a Céline por primera vez en los Oscar de 1997, cantando «Because You Loved Me», pero entonces todavía era muy joven «y escuchaba lo mismo que mis amigos, rock alternativo. [...] No sabía qué quería». Pero más tarde «oí "All By Myself" por la radio y aluciné con aquella voz tan potente. Pensé: "¿Un ser humano puede hacer esto?". Me metí en Internet y leí su historia».

Céline encajaba a la perfección con su naturaleza apasionada: «No he encontrado a nadie tan capaz de cantar canciones de amor sin parar». Y también la admiraba por sus valores familiares «y por cómo ha logrado sobreponerse a tantas cosas sin renunciar a sus principios». Sophoan era una persona discreta en el instituto, pero al llegar a la universidad había desarrollado el valor suficiente para acceder a foros de Internet y compartir sus opiniones: «¡Soy un pájaro enjaulado al que de pronto han dejado libre!». Le preocupaban un poco los «depredadores sexuales» de los foros, pero no ha tenido problemas en ese sentido. De vez en cuando, los «vestidos ajustados» que Céline luce en el escenario le han supuesto un desafío moral, pero también ha logrado reconciliarse con eso. Algunos amigos le toman el pelo y le preguntan: «¿Te vas a casar con Céline?». Pero «como vivo en el círculo apropiado, entre personas con valores sólidos y buenas familias», no pasa muy a menudo.

Entre sus otros gustos están la música clásica, muchos cantantes cristianos contemporáneos, varias estrellas de concursos tipo *American Idol*, LeAnn Rimes, Josh Groban, el grupo vocal británico Lush Life y «el gran Luther Vandross, ya fallecido». A lo mejor se trata de un listado de gustos estándar entre los jóvenes estadounidenses cristianos enamorados de la música, pero yo tengo la sensación de estar hablando por teléfono con un universo paralelo. Entonces Sophoan añade el nombre definitivo: «Ah, y me encanta Phil Collins. Tengo recuerdos muy tiernos de "Groovy Kind of Love", de cuando vivía en el campo de refugiados, aunque no hablaba inglés y solo tenía cinco años». Yo no detesto a Phil Collins, pero ¿cómo diablos debe de sonar su canción más empalagosa, «Groovy Kind of Love», a oídos de un desplazado camboyano de cinco años? (Imagino que no estar familiarizado con la palabra *«groovy»* ayuda.)

Cuando le pregunto qué le gustaría ver hacer a Céline en el futuro, aparte de actuar en una película dirigida por Sophoan Sorn, dice: «Podría viajar por el mundo como embajadora de la ONU». Sophoan siente que en su trabajo no solo tiene que representar a los estadounidenses de origen camboyano, sino que, de un modo u otro, también tiene que ayudar a Camboya. «Y Céline es el paradigma de cómo alguien puede convertirse en una gran persona sin por ello dejar de tener los pies en el suelo. Yo quiero ser como ella y ayudar a mucha gente. Pero la vida es corta, y por eso tenemos que lograr el éxito pronto.»

Nos despedimos una hora más tarde y nos prometimos que la próxima vez que los dos estuviéramos en San Francisco quedaríamos para tomar un café. Yo lo decía sinceramente. Sophoan es una de las personas más agradables con las que he hablado en mi vida. Y, no obstante, conocerlo supuso un verdadero «shock de gustos» y una de las experiencias más surrealistas de mi vida: no supe ni por dónde empezar a cuestionar sus percepciones ni cómo compararlas con las mías. Aunque tampoco quería hacerlo. Sus gustos eran coherentes y le proporcionaban un enorme placer. No solo me parecían tan válidos como los míos (por incompatibles que fueran), sino que me había caído tan bien que, por un instante, sentí que los suyos eran superiores a los míos. Porque, ¿de qué servía la bazofia negadora de la vida que me gustaba a mí?

Mi siguiente entrevista tuvo lugar un territorio vagamente más familiar, con una *drag queen* de Las Vegas. Uno de los aspectos más fascinantes de Céline Dion es que, a pesar de haberse criado en un entorno rural, católico y conservador, y de no haber hecho nada en particular para fomentar esa identificación, se ha convertido en un icono gay. Me picaba la curiosidad por saber cómo describía un hombre gay que cada noche se viste de mujer e imita a Céline en el escenario la atracción que esta genera.

Alex Serpa actúa en el cabaret de travestis de más tradición de Las Vegas, el «What a Drag» del club Freezone. Alex nació en La Habana, donde su madre trabajaba como extra en series de televisión, «o sea, que siempre estuve entre bambalinas, rodeado de actores». Empezó como imitador de Barbra Streisand y luego incorporó a Cher en su repertorio. Aproximadamente en 1996, un amigo le dijo que se parecía mucho a Céline Dion. «¿A quién?», preguntó Alex, y se puso a investigar. Ahora Céline es su personaje preferido, en parte porque es con quien saca más dinero en propinas. «Con Céline el público tiene más tendencia a levantarse y bailar con la música. Con Cher se quedan sentados y piensan: "Ay, mira, es Cher". Pero con Céline se levantan, gritan y dan palmas, y eso no es nada frecuente en espectáculos de travestis.»

Buena parte del secreto está en la pose: «Basta con ver su silueta para saber que es Céline Dion. Se planta en el escenario sacando la cadera y con la pierna estirada, a lo Elvis. Y así empiezo yo, para que se enteren de que soy Céline Dion. [...] Mi palabra preferida para definirla es *excéntrica*, pero en el sentido positivo».

En cuanto a su popularidad entre los gays, «seguramente se trate de un público gay más mayor que joven, [...] porque su estilo es siempre muy dulce, música para escuchar junto a la chimenea». Aunque, desde luego, tiene un toque de afectación. «No me refiero a afectación teatral, sino más bien cómica, caricaturesca.»

Alex se dedica a imitar a divas, no a dar clases de teoría *queer*. Cuando le pido su opinión sobre la gente que asegura que Céline parece un travesti, responde que él no lo ve. Pero a continuación añade: «Aunque sí creo que ella imita a otros artistas famosos. [...] A Elvis. A Tina Turner. A Barbra Streisand. Mueve las manos como Barbra. Y su energía es muy Tina. Esas son las cantantes con las que soñaba de niña; cogió lo mejor de cada personaje y lo incorporó a su espectáculo».

Al fin y al cabo, concluye, «la originalidad no existe. Ya está todo inventado».

Mi última entrevista es harina de otro costal. A Stephanie Verge no la conocí en Internet, sino a través de unos amigos en una función de teatro experimental. Es una mujer atractiva de veintitantos años que trabaja como editora de la agenda cultural de una popular revista de Toronto. Cuando nuestro amigo en común menciona mi libro y Stephanie sale con que es fan de Céline, es plenamente consciente de lo inverosímil de la situación. Más tarde, cuando quedamos, me cuenta que creció en una familia en la que se hablaba inglés y francés por igual, en un pequeño pueblo francófono de las afueras de Ottawa. En relación al hecho de que tanto ella como su hermana pequeña sean seguidoras de Céline, las dos ramas de la familia echan balones fuera: «Los del lado inglés dicen que debe de ser mi vena francesa y los del francés que mi parte inglesa me obnubila la mente». Durante el funeral de su abuelo, celebrado en el pueblo de Quebec donde creció su padre, Stephanie se enfrascó en una conversación sobre Céline con el conductor del coche fúnebre hasta que llegaron a la funeraria, mientras su padre se encogía en el asiento. «Aunque era evidente que [el conductor y yo] la admirábamos por motivos distintos. Él hablaba de lo unida que está con su familia, de cómo la había visto crecer en los medios, de que a pesar de todo siguiera grabando en francés, etcétera.»

Las respuestas de Stephanie tienen muchos más matices. Recuerda el primer curso en la escuela francesa católica, cuando se obsesionó con el tema que Céline cantó para el Papa, «Une colombe», que fue la primera canción popular que escuchaba en su vida (más allá de los Beatles y los discos de espectáculos de Broadway que sus padres —un maestro y una funcionaria— tenían en casa). «Fue la primera vez que pensé: "Ah, entonces esto es lo que escucha la gente. He aquí una especie de patrimonio cultural del que ahora formo parte".» Como adolescente, le iba el folk (Laura Nyro, Emmylou Harris) y solo se aficionó a la música de Céline cuando se mudó a Toronto para estudiar en la universidad y empezó a salir con una mujer que «tenía los gustos típicos de un hombre muy, muy, pero que muy gay». Se trataba de una obsesión que podían compartir, pero para Stephanie también era una conexión con su «yo» francés en un contexto inglés.

Aunque adopta una cierta distancia irónica con respecto a su afición, no se trata de la misma ironía que lleva a los tipos *cool* a ponerse camisetas de bandas de heavy metal. A Stephanie le encanta Céline, y por motivos muy diversos: «Su presencia escénica es dramática como la de pocos, [...] como cuando se abalanza sobre el micrófono; me encanta cuando hace eso. También está muy bien cómo agita los puños». Con el siguiente aliento añade: «Respeto que no haya cambiado demasiado a lo largo de los años. En muchos, muchos sentidos sigue siendo una *Québécoise* de pueblo, de clase baja, y que conste que lo digo en el mejor sentido posible». E insiste: «Sigue comportándose de forma inapropiada, como en el episodio con Larry King, ¿lo has visto? Me rompe el corazón, te lo aseguro. Es como ver un accidente de coche, pero lo hace con tan buena voluntad...».

En general, Stephanie no es una gran fanática de la música, y su fijación con Céline «va y viene a oleadas. Realmente depende de con quién me relacione. [...] Pero me gusta, y no pienso que sea idiota. Es verdad que a veces la sigo para reírme de ella, porque es graciosa y ridícula, pero aun así mi respuesta es emocional». Para Stephanie la música en francés es más emotiva y la música en inglés más impostada, aunque «la música en francés también es bastante impostada. [...] Creo que hay una parte rara y retorcida de mí que piensa que esta es mi herencia cultural. Aunque en realidad no lo es, porque no hay nadie en mi familia que sea así».

Y lo cierto es que, en general, sus gustos no son kitsch. Admite tener una cierta debilidad por las películas adolescentes, pero pasa más tiempo leyendo literatura seria. Y asiste a funciones de teatro experimental. Aun así, «la idea de intentar adivinar cual será el próximo "no va más" me parece tan sumamente difícil como agotadora. [...] Y si alguien dice: "Si eso no te gusta, no eres *cool*", mi respuesta es: "No soy *cool*, no pasa nada". [...] Me siento cómoda con mis obsesiones porque no creo que me hagan menos inteligente».

La única vez que experimentó una punzada de pudor, asegura, fue hace poco, saliendo con una persona que «supongo que podría considerarse que tiene muy buen gusto musical. Es una experta. [...] Y hubo un momento en el que pensé: "Jolín, me considera un caso perdido". [...] Creo que me salvé con una referencia al cantautor de Boston Martin Sexton, o algo así, que no es nada del otro mundo en la escala de lo *cool*, pero que desde luego es mucho más *cool* que Céline».

Stephanie admite incluso que su actitud antiesnob contiene una dosis de esnobismo. «No me gusta que me digan qué quiero y qué no. Volvemos al principio: a la gente que hace todo lo posible para no escuchar nada de lo que escuchan los demás, le dicen: "Esto te tiene que gustar", y ellos responden: "¡No, no quiero que me guste!". Pero esa misma gente tiene a su propia Céline, y se supone que tiene que gustarle a todo el mundo. [...] Mi respuesta es: "Eso es básicamente tu versión de Céline. Y a mí no me gusta, ¡yo prefiero a Céline, la auténtica!". Admito que la gente con hobbies y gustos hipsters me da un poco de rabia. Me provocan ganas de ir en sentido contrario, aunque no siempre lo hago, porque, evidentemente, siempre hay cosas que se cruzan y me gustan.»

Le pregunto si se identifica con los fans de Céline en general. «Supongo que una parte de mí se solidariza con el resto de la gente a la que le gusta, pero seguramente no tendríamos ningún otro tema del que hablar. Y el hecho de que no les importe que la gente se ría de ellos...» Hace una pausa y añade: «Tengo tendencia a ponerme particularmente a la defensiva ante la gente que menosprecia los movimientos de masas, a menos que se trate de movimientos claramente ofensivos». Esa tendencia queda perfectamente ilustrada con su actitud respecto a la Iglesia católica. Stephanie no es católica practicante y es muy crítica con la Iglesia, pero su familia está compuesta por personas «educadas» y «reflexivas» que, sin embargo, tienen una fe inmensa. Le molesta que algunos amigos «asuman que eso significa que son idiotas».

«Creo que vivimos en una sociedad que en realidad no respeta las respuestas viscerales o emocionales de la gente. Y creo que debería respetarlas», afirma. «Aunque tal vez no sean *cool*, aunque bordeen lo ridículo en muchos sentidos y no seas capaz de entender cómo alguien puede llorar escuchando una canción de Céline Dion, en mi opinión deberíamos tener más respeto por el candor de la gente. [...] Creo que es bueno que haya cosas que no se pueden explicar.»

En la previa al espectáculo multimedia de Céline en el Caesars Palace de Las Vegas, encima del escenario parece colgar un gigantesco marco dorado en el que se proyecta una imagen en directo y en tiempo real de nosotros, el público. Mientras esperamos a que empiece el show, la cámara va haciendo zoom sobre algunos espectadores y en la pantalla se crea una pantomima cómica en serie en la que sorprendemos a otra gente sorprendiéndose cuando la cámara los sorprende y encogiéndose de vergüenza o poniendo caras para hacer la gracia. Primero enfocan a tres chicas con camisetas en las que pone J'ADORE DION; luego a dos padres de lo más discretos con su hija (el padre está leyendo y ni siquiera se percata de sus quince segundos de gloria); luego a una pareja espectacularmente borracha, él con la camisa medio desabrochada y la mujer con unas inmensas tetas de silicona; y, finalmente, a una pareja que todavía va vestida de boda. Entonces, el marco (que en realidad es una ilusión generada por ordenador y proyectada sobre la pantalla LED interior más grande de América del Norte) se expande y estalla en un millar de fragmentos de luz y cristal que giran y tintinean por el aire hasta unirse de nuevo... alrededor de la propia Céline, que aparece en lo alto de una imponente escalinata roja.

Casi no me hizo falta ver el resto del espectáculo. Aquello fue la demostración perfecta de cómo la música puede inspirar, representar, romper y reconstruir identidades. Céline se brindó a ofrecernos una imagen reflejada de nosotros mismos, con todas nuestras debilidades, pero más grande, más sofisticada y mejor. Nos colocó en el centro de un marco dorado de estilo dieciochesco, lo último en joyería ostentosa e igualitaria, y finalmente hizo estallar nuestro yo colectivo para absorber los fragmentos en el interior de su cuerpo, que es pequeño pero da cabida a su voz, una antigüedad exquisita en sí misma. Pero el marco estaba completamente pasado de moda; ningún experto, ningún curador de la élite lo usaría para presentar una imagen contemporánea. Y por eso, pensé desde mi asiento a precio rebajado del gallinero, la gente termina siempre burlándose de Céline, porque cada vez que intenta demostrar clase y buen gusto le sale el tiro por la culata. Con sus cuerdas sintetizadas, sus perlas auténticas y sus intentos de mezclar ópera con pop, aspira a la cultura *highbrow* de hace medio siglo. No supera el escáner de retina: las verdaderas élites actuales están ocupadas dejándose crecer barbas Souvarov, luciendo gorras de camionero y leyendo sobre pop adolescente en el *New Yorker*.

Pero la verdad es que *A New Day*, que había estado temiendo desde que había bajado del avión, fue lo más divertido de todo el viaje. Céline se mostró encantadoramente torpe, graciosa y, en comparación con la mayoría de la gente en Las Vegas, humana. Cuando más me gustaba era cuando bajaba del escenario, cuando se alejaba del corro de bailarines y de las aburridísimas proyecciones generadas por ordenador que ilustraban cada canción para, siempre con una cierta rigidez, hablar con los espectadores y aceptar ramos de flores. En esas ocasiones era fácil darse cuenta de que era canadiense, y todos podíamos dejar de preocuparnos por si no parecíamos estadounidenses o no éramos *cool*, incluida la menuda madre filipina que tenía sentada a mi lado, que iba susurrando: «Caray... Uau...», y que de vez en cuando lloraba detrás de unas gafas de sol que no se quitó durante todo el espectáculo, aunque el teatro estaba a oscuras. Aquellas gafas desproporcionadas me hicieron pensar en Phil Spector y las grabaciones perdidas de Céline, y la música comenzó a absorberme también a mí. Las canciones de amor —«If You Asked Me To» o «Because You Loved Me»— empezaron a hurgar en la herida abierta de mi reciente separación matrimonial e incluso me arrancaron algunas lágrimas. Y, durante unos minutos, lo entendí. Naturalmente, a continuación Céline hacía algo imperdonable, como un dueto con una proyección gigantesca de la cabeza del difunto Frank Sinatra, pero, aun así, comprendí perfectamente su presencia en Las Vegas, capital de las tragaperras eyaculatorias y de los ríos artificiales por los que fluía el capital global: «¡Que toquen todas esas cosas!».

Y yo habría podido responder: «Sí, tócame, Céline».

Pero cuando finalmente hui de la prisión que es Las Vegas, de vuelta en Toronto, a solas con sus CD, fui incapaz de rememorar aquella sensación.

10

Hagamos una versión punk
de «My Heart Will Go On»
(o: Hablemos de nuestros sentimientos)

Primero suena una oscura intro de bajo, seguida de esas notas carnívoras tan familiares —*tiroríí, tiroriroríríí...*—, solo que esta vez no salen de una flautita sino de una guitarra eléctrica, como Jimi Hendrix desplegando su «Star-Spangled Banner». A continuación el guitarrista rasga unos acordes secos y el cantante ataca la letra con un maullido nasal y melódico: «*Everryrynithginmydream! I seeyou! I feelyou! ThatishowIknow you go-woah awnnn!*». Chaca-chaca, chaca-chaca, redoble, redoble.

Además de esta versión de New Found Glory, banda de punk comercial de Florida, conozco por lo menos otras cinco versiones más o menos punk de la canción «My Heart Will Go On», firmadas por los australianos Screaming Jets, la banda de Nashville Los Straitjackets (instrumental y vibrátil), los Vandals, de Orange County, las mocosas Switchblade Kittens, de Los Ángeles, y la banda de parodias metal de Nueva Jersey Satanicide (la versión más fiel al original, pues se limita a coger el metal colocado de estrógenos de Céline y meterle una sobredosis de testosterona). Estoy seguro de que hay muchas más bandas de punk que han versionado la canción en directo pero nunca han llegado a grabarla. La costumbre de las versiones punk o «irónicas» se remonta, por lo menos (y sin contar a Hendrix), a cuando los Sex Pistols versionaron «Steppin' Stone» de los Monkees, una peineta a la predisposición comercial que experimentó otra vuelta de tuerca cuando se supo que los Pistols, al igual que los Monkees, eran una banda «prefabricada». La versión irónica seguramente llegó a su momento de máximo esplendor cuando, a principios de los ochenta, bandas postpunk como los Replacements cogieron canciones de Kiss y otras bandas de rock llenaestadios y empezaron a tocarlas en sus conciertos en pequeños clubes, como afirmó en 1996 mi amigo Jake London en un clásico perdido de la crítica del rock titulado «Sucking in the Seventies: Paul Westerberg, The Replacements and the Onset of the Ironic Cover Aesthetic in Rock 'n' Roll». En esta pieza, Jake, músico y abogado de Seattle, sostiene que las versiones irónicas permitieron a los miembros de las escenas del rock *underground* posteriores al *baby boom* reintroducir en sus vidas la música repudiada de sus infancias: primero te preguntabas si los Replacements estaban de guasa o si «realmente» les gustaban los Kiss, pero a base de repeticiones la burbuja protectora de la broma se iba desvaneciendo, hasta que Kiss volvían a parecerte simplemente buenos, como cuando tenías diez años. Esas versiones fueron minando los cánones establecidos por la crítica de rock de los *baby boomers*, lo que poco a poco permitió rescatar a muchos más músicos: a una banda como Sonic Youth, los reyes Midas de lo *cool*, le bastaba con publicar un EP de versiones bajo el nombre de Ciccone Youth para darle la vuelta a la denigración que la escena *cool* le dispensaba a Madonna.

Actualmente, la forma dominante de la versión irónica es la versión acústica o con arreglos nuevos de un éxito actual, por ejemplo «Since U Been Gone», de Kelly Clarkson. Todavía provoca risitas nerviosas entre el público, aunque hoy puede adoptar un tono más benevolente; en el peor de los casos, puede significar: «Debajo de ese velo empalagoso se esconde una buena melodía», si bien generalmente viene a decir: «A la mierda, me gusta esta canción». Asimismo, el sucesor más tecnológico de las versiones punk, el *mashup*, a menudo incluye las «partes buenas» de varias canciones, empalmadas digitalmente para formar una canción mejor: la fusión de «Genie in a Bottle» de Christina Aguilera con «Can't Explain» de los Strokes le valió a la primera muchos conversos. Tanto las versiones como los *mashups* son dos formas de metacriticismo en formato musical que permiten expiar la culpa de los placeres inconfesables. Pero en el caso de Céline no es así. Las versiones punk de sus canciones son una cáustica materialización del desprecio que recibe por parte de la prensa. El único *mashup* de Céline que he escuchado mezcla «My Heart Will Go On» con la banda atmosférica islandesa Sigur Ros, y el subtexto no es «Céline tampoco está tan mal, ¿veis?», sino «estúpidos fans de Sigur Ros: vuestros ídolos son igual de soporíferos que Céline Dion, ¿veis?». Las versiones irónicas de sus canciones no le abren las puertas de la redención porque su música, mucho más que el rock «tonto», el pop adolescente o la vertiente más caricaturescamente macarra del hip-hop, peca exactamente de lo que se supone que deben protegernos los diques de contención de lo *cool*: de sentimental.

Durante un siglo o más, el sentimentalismo ha sido el pecado estético capital. Decir que una obra de arte es sentimental es condenarla forzosamente. Ser sentimental equivale a ser kitsch, falso, exagerado, manipulador, indulgente con uno mismo, hipócrita, hortera y falto de originalidad; es el arte de los pringados religiosos, los apologetas del conservadurismo y los siervos de las grandes empresas. En tanto que kitsch, el sentimentalismo se puede equiparar a la propaganda nazi o estalinista, equivalencia que establecieron en su día autores como Milan Kundera,

Clement Greenberg, Harold Rosenberg, Dwight Macdonald y, naturalmente, Theodor Adorno. El novelista alemán Hermann Broch escribió que «el creador de kitsch no crea arte "malo". [...] No es imposible juzgarlo según criterios estéticos, pero es preferible juzgarlo como un ser éticamente vil, un malhechor que desea profundamente el mal». El desprecio punk emite idéntico veredicto. Y en el fondo, tal vez porque yo me fijo mucho en las letras, el sentimentalismo es también la barrera más infranqueable que se alza entre la música de Céline y un servidor: no es solo que sus mensajes de postalita prefabricada cutre me resulten poco atractivos, sino que temo que, si cedo a ellos, mi cerebro y mis principios se conviertan en puré. ¿Puede tratarse de un simple prejuicio adquirido, como sucede con tantos otros filtros culturales?

Desde luego, puedo absolver al sentimentalismo de los cargos superficiales en un abrir y cerrar de ojos. ¿Que es manipulador? Se supone que toda la música debe manipular hábilmente al público y lograr que se conmueva. ¿Que es falso? Todo el arte lo es; lo importante es ser una falsificación convincente, una mentira que parezca verdad. Y es evidente que Céline ha convencido a sus seguidores. Además, ¿por qué su banda sonora para tu vida es más «indulgente con uno mismo» que los juegos de palabras multilingües de James Joyce? Y, en cualquier caso, ¿eso sería realmente criticable en el arte? ¿Con quién se supone que tiene que ser indulgente el artista? En cuanto a la hipocresía, es verdad, disfrazar el nazismo con imágenes de madres de mejillas sonrosadas y niños que brincan por un monte alemán es asqueroso, pero ¿qué pasa con las madres y los niños de mejillas sonrosadas si no son nazis? Confundir la sensiblería (si no demuestra ser cómplice de un mal específico) con la propaganda es de paranoicos, a menos que la crítica se haga extensiva a cualquier forma de arte no creada explícitamente como protesta. (Para una lectura más rigurosa de estos argumentos, véase

In Defense of Sentimentality, del filósofo moral estadounidense Robert C. Solomon.)

Luego hay una cuestión más sesuda, relacionada con la proporción: ¿puede ser que el problema del sentimentalismo kitsch (*schmaltz*, en términos musicales) sea que toma esperanzas y afectos cotidianos y los convierte en melodramas de vida o muerte? Analicemos la elegante definición del erudito zen R. H. Blyth: «Actuamos con sentimentalismo cuando dedicamos a algo más ternura de la que le dedica Dios». Ese era el tipo de antisentimentalismo al que apelaba John Cage cuando componía música basándose en los resultados aleatorios del juego de dados, para sustraer su propia voluntad del resultado final: su pieza silenciosa, *4'33"*, no es más que un marco que permite concentrar los oídos y la mente en los sonidos de la existencia en curso. La belleza de su música reside en su voluntad de rendirse a ese objetivo. Como el silencio de Cage, el amor de Dios es incalificable, implacable, y su mirada nada sentimental. Pero el amor humano es muy distinto: si amamos, lo hacemos excediendo el amor de Dios; amamos amontonando estratos de sentido sobre los hechos objetivos. Si yo creyera en Dios, no me costaría imaginar que creó al ser humano precisamente para eso, para que las cosas recibieran más ternura de la que Él les podía dar, en medio de la severidad imperturbable de la naturaleza y de la crueldad del destino: a lo mejor estamos aquí para compensar lo que Depeche Mode, en su canción gnóstica «Blasphemous Rumours», denominó el *«sick sense of humor»*[*] de Dios. El amor de Dios suena tal vez como Kraftwerk, un diagrama sonoro del tráfico que pasa, o como la implacable marcha electrónica de los temas disco de Giorgio Moroder, mientras que la humanidad es la voz de Donna Summer, que no puede evitar intervenir para exagerar y exaltar lo evidente en

[*] Humor de mal gusto. *(N. del t.)*

espirales alucinatorias e insistir una y otra vez: «*I feel love, I feel love, I feel love*». Con Dios o sin él, es una arrogancia pretender que sabemos cuál es la cantidad justa de ternura que nos es lícito ofrecer.

También estéticamente, la preocupación por el exceso parece algo caduco, a menos que un exceso de ternura sea más criticable que un exceso de pintura, de ruido, de rabia, de monumentalidad, de vocabulario, de desnudez y del resto de los elementos entre los que, para nuestro deleite, el arte se revuelca desde el modernismo y, en especial, desde el rock 'n' roll. Si un crítico dice que Céline «arrolla» una canción, es una crítica; en cambio, si dice que «los Ramones nos arrollan con un demoledor tema punk de tres minutos», es un elogio. La falta de originalidad, desde luego, puede ser una carencia estética, pero no es lo que relega al sentimentalismo dentro de la música pop; si fuera así, no aparecería cada dos años una banda de rock primitivo a la que la crítica cubre de elogios por devolver el rock «a sus esencias».

Ese doble rasero es el pan de cada día para la música sentimental: los excesos, los formulismos y la bidimensionalidad pueden ser elementos positivos para cualquier música que no sea dulce y conciliadora, sino furiosa y rebelde. Podría decirse que el punk-rock es el *schmaltz* cabreado, una idea que se ve reforzada por la facilidad con la que el punk *emo* ha redefinido el género para expresar la angustia personal. El punk, el metal e incluso el rock que persigue la justicia social, como el de U2 o Rage Against the Machine, con sus eslóganes enfáticos en defensa de la individualidad y la independencia, pueden ser tan «inspiradores» o «motivadores» como la música de Céline, pero dirigidos, eso sí, a grupos subculturales distintos. En cualquier caso, son igual de parciales y carentes de sutileza. Y, desde el punto de vista moral, no es tan descabellado preguntarse por qué son más loables los excesos en nombre de la rabia y el resentimiento que la falta de moderación subordinada al amor y a la conexión interpersonal. La respuesta fácil es que Céline es conformista, aquiescente y en absoluto subversiva. Actualmente, se considera que subversión es lo opuesto a sentimental: casi siempre se trata de un término que expresa aprobación. Señalar el carácter subversivo de una canción, una serie o una película equivale a validarla, no solo en el mundo de la crítica pop, sino también en el ámbito académico.

¿Qué es subversivo? La transgresión, la sátira, la idiosincrasia, el radicalismo, reafirmar una identidad minoritaria, generar interferencias en la señal mayoritaria, subvertir las convenciones y, en términos generales, abogar por los cambios. Pero como hace ya tiempo sostiene el crítico social Thomas Frank *(La conquista de lo cool)*, esos son los valores que promueven actualmente la publicidad, los gurús de la administración de empresas y los emprendedores de la alta tecnología. El polémico y ameno *The Rebell Sell*, de los canadienses Joseph Heath y Andrew Potter, añade que los impulsos anticonformistas son el octano del consumismo, siempre en pos de la vanguardia, el alma misma de la distinción bourdieviana, ya sea en la alta costura, la cocina orgánica o la cultura «no convertida en artículo de consumo». Por eso actualmente —y tal vez desde siempre— se aprecia una vibración conservadora en el latir del rock rebelde. La retórica corporativa y gubernamental se transfigura en el *schmaltz* rebelde, al que imita. El tipo de cambio al que apela la música de un sarcasmo estridente —libertad, igualdad, menos autoridad— se ajusta perfectamente a la «nueva economía», cuyas necesidades comerciales y laborales exigen una estructura social multicultural más móvil y «flexible». El capitalismo actual celebra la descentralización, la desregulación y otros cambios llamativos que disparan los precios de las acciones a corto plazo y justifican despidos, horas extras no remuneradas, la deslocalización de la producción en países del tercer mundo y un marketing omnipresente, por no mencionar la violencia organizada sobre la que se erigen. En su libro *La doctrina del shock*, Naomi Klein se refiere al continuo que forman las «terapias de choque» económicas, políticas y militares, y que se extiende hasta la sala de torturas; ¿podría ampliarse la metáfora para que incluyera también el «shock de lo nuevo» en el ámbito artístico?

La parcialidad de la crítica musical respecto a la rebelión juvenil no está exenta de este tipo de miopías: lo que los críticos liberales catalogan de subversivo muy pocas veces tiene que ver con reformas sociales prácticas. Los pocos críticos con compromisos políticos significativos a menudo se muestran más benévolos con la cultura de masas, incluso con la supuestamente ñoña y sentimental, porque sus preocupaciones tienen más que ver con la vida de las personas que con el deseo de ser musicalmente más *cool* que nadie. De hecho, esa es una buena vara de medir a la hora de discriminar la política de verdad de la mera representación revolucionaria.

Incluso en el ámbito considerablemente más serio de la academia, y especialmente dentro de los Estudios Culturales, la idea de que existe una lectura «de resistencia» —según la cual el público realiza reinterpretaciones *antiestablishment* de la cultura de masas que les empodera— puede verse simplemente como una justificación inversa de los gustos personales: un académico al que le guste Kelly Clarkson encontrará la forma de justificar que esta brinda más material de resistencia que Britney Spears. Es posible que, tal como creía Bourdieu, la estética no sea más que un disfraz que pretenda encubrir las relaciones políticas. Pero utilizar a continuación la política para encubrir la propia estética equivale a construir un laberinto de espejos. El poder es una dinámica que impregna incluso las interacciones más microscópicas y, por lo tanto, es posible detectar sumisión o resistencia en cualquier figura o artefacto cultural que analicemos; sin embargo, hacerlo solo de forma selectiva y reducir la cultura pop a un bloque subversivo y a otro obediente puede resultar algo confuso.

Pero es que, además, ¿quién dice que el espíritu subversivo tenga que ser el *sine qua non*? Al fin y al cabo, los fans no están siempre ocupados resistiendo y recontextualizando a sus ídolos: también los apoyan, los defienden y se identifican con ellos. Si renegamos de la estética formal kantiana, de la mirada «desinteresada», cada vez que alguien dice que una obra de arte es buena o mala resulta razonable preguntarse: ¿buena o mala para qué? ¿Qué utilidad tiene la música de Céline para sus fans, si no tiene nada que ver con la subversión? Lawrence W. Levine escribió que valorar el arte en función de su novedad o su radicalismo es «una falacia moderna que topa frontalmente con varios siglos de artistas folk que consideraban que su función consistía en personificar las creencias y significados de sus culturas en un idioma que sus compatriotas pudieran comprender». El sentimentalismo en el arte popular es uno de los pocos vectores de la función de la música «folk» que todavía se cumple: «El arte está igualmente legitimado para ocupar una posición central en la experiencia común y para ofrecer a su público un sentido de reconocimiento y de comunidad».

Considerada bajo ese prisma, ¿no podría ser que la música de reafirmación cotidiana de Céline tuviera también un valor social? Sus canciones tratan a menudo de la lucha por sostener una realidad emocional, de la fidelidad, la fe, la vinculación afectiva y la supervivencia. En otras palabras, de la continuidad en el marco del flujo desestabilizador del capitalismo. Mientras las estrellas de la industria y del *schmalz* rebelde pregonan la realización personal, la negación social y la deslegitimación de los valores tradicionales, la música de Céline (como el country de Nashville) tiende a priorizar «el reconocimiento y la comunidad», la conexión y la solidaridad. Y sí, Céline encarna también el trabajo excesivo, la ambición y el lujo, pero eso tan solo significa que sigue siendo una estrella del pop. En esa matriz, puede que el sentimentalismo sea su principal virtud.

Admitir todo esto resulta doloroso porque abre la puerta a la posibilidad de que la pátina protectora de rareza e insatisfacción que el arte y la cultura inconformistas han proporcionado a mi vida sea egoístamente segregadora y poco democrática. Supone un jarro de agua fría para la teoría de que el arte que insiste en su peculiar independencia fomenta el pensamiento crítico y sirve incluso de modelo para los cambios sociales. Las tácticas de choque del arte preparan el terreno para el cambio social, es cierto, pero lo que los artistas prevén casi nunca es lo que la sociedad acaba recibiendo. Y sí, apelando a las aspiraciones y los deseos más generalizados, los famosos como Céline contribuyen a veces a publicitar un sueño americano que sirve de tapadera para una hegemonía destructiva. Pero el individualismo transgresor de los héroes del modernismo raya en la emulación directa del impulso de destrucción, al tiempo que se burla de las aspiraciones y los deseos de sus víctimas. A lo mejor he conocido al «americano arrogante»* y resulta que soy yo.

La acusación más convincente contra el sentimentalismo es que distorsiona la realidad porque suprime el lado más oscuro de las cosas. En un famoso pasaje de su novela *La insoportable levedad del ser*, Milan Kundera escribe que el kitsch es «la negación absoluta de la mierda; en sentido literal y figurado. El kitsch elimina desde su punto de vista todo lo que en la existencia humana pudiera considerarse inaceptable». En cambio, lo que sucede en gran parte del arte moderno que obtiene el sello de certificación de la crítica es la negación de la no-mierda, o de todo lo que la existencia humana tiene de aceptable.

---

* Ugly American, figura que representa al norteamericano que no sabe comportarse cuando sale al extranjero. *(N. del t.)*

A nivel político, uno podría preguntarse si esta distorsión igual y opuesta no fomenta la desesperanza y la pasividad. O, por decirlo en palabras de Robert C. Solomon, «¿qué necesidad hay de que nos señalen siempre los defectos y los peligros? [...] ¿Debemos tomar nota y no tener nunca un pensamiento agradable sin tener también uno desagradable?».

El arte más sublime puede combinar toda la mierda y la no-mierda del mundo, tal como sucede en la vida, pero visto desde una perspectiva menos exaltada, ¿por qué razón el arte que se centra en lo que Solomon llama «las emociones tiernas» debe quedar en segundo plano, por detrás del arte que se centra en las cosas duras? Las jerarquías del antisentimentalismo parecen desembocar en una perversa inversión de los valores. Tal como sugiere la filósofa canadiense Deborah Knight en su artículo de 1999 «Why We Enjoy Condemning Sentimentality», eso obedece en parte al racionalismo machista. Si las emociones tiernas son estereotípicamente femeninas, cariñosas y maternales, lo sentimental tiene que ser necesariamente, en sus propias palabras, «sucio», «indulgente, chabacano, superficial, narcisista y excesivo». El antisentimentalismo filosófico, afirma, es un ataque preventivo contra la posibilidad de revelar cualquier tipo de inclinación indecorosa hacia el costado más ilógico y aniñado de la naturaleza humana. (Y difícilmente encontraremos algo más aniñado que Céline Dion.)

Por otro lado, y aunque la discriminación de género esté en retroceso, no se trata del único mecanismo de clasificación social que influye: controlar las propias emociones es otro de los imperativos tradicionales de clase alta. Lo *cool* no se denomina *cool*[*] porque sí, y dentro de su frugalidad, citando un himno contra el hambre de los ochenta, no es solo que «Tears Are Not

---

[*] Además del significado con el que el término se ha importado al castellano, «*being cool*» significa también 'ser frío' o 'conservar la calma'. *(N. del t.)*

Enough»,* sino que las lágrimas son casi siempre un exceso. Hoy en día, renunciar a los «placeres baratos» equivale a ser un esnob estrecho de miras, pero en cambio uno puede tranquilamente distinguirse mostrando su desdén por las «emociones baratas».

A menudo se da por sentado que el público al que le gusta la música *schmaltz* sufre de algún tipo de atrofia que lo lleva a recurrir al arte sentimental como si de una muleta emocional se tratara. Tal como señala Solomon, no hay pruebas que justifiquen esta calumnia: ¿no es igualmente plausible que aquellas personas que se sienten incómodas ante la vulnerabilidad y la ternura tengan problemas emocionales? El arte sentimental puede ser un ensayo, un ejercicio para mantener las emociones a punto, en forma y listas para usarse. Eso no implica que dichos usos tengan que ser necesariamente apropiados, y las emociones por sí mismas no son la solución a ningún problema, pero la empatía y la compasión son requisitos imprescindibles para la caridad y la solidaridad. Así pues, entre el sentimental y el antisentimental, ¿quién es el verdadero tullido emocional?

Yo, sin ir más lejos. El motivo de fondo por el que lo pasé tan mal en Las Vegas no fue que todo me pareciera hortera: fue que tanta horterada me hizo sentir todavía más solo de lo que ya estaba, seis meses después de la disolución de mi matrimonio. Por un momento, en el Colosseum, junto a aquella llorosa madre filipina, Céline me permitió experimentar esa emoción tonta, desmesurada, a un nivel visceral. Mi forma habitual, más «sofisticada», de escuchar música me puede ayudar a reflexionar sobre esos sentimientos, a examinarlos desde todos los ángulos, pero para ese tipo de análisis me basto solo. Lo que seguramente no se me dé tan bien, en cambio, es sentir una emoción y no querer diseccionarla y manipularla, negociar con

* Las lágrimas no bastan. *(N. del t.)*

ella hasta convertirla en otra cosa. Aunque a menudo se considere más bien una amenaza, seguramente la promesa del sentimentalismo sea sentir las emociones en toda su dimensión, físicamente, tal como son.

No soy el único que piensa así. En el mismo panel de la Pop Conference donde metió la pata con lo de «música negra, como la de Céline Dion», Stephin Merritt afirmó que «la catarsis en el arte resulta siempre embarazosa». Se trata de una idea muy extendida, aunque pocas veces se expresa de forma tan graciosa. En parte Merritt se inspiró en Bertolt Brecht, que sostenía que la liberación purificadora de la catarsis puede desactivar la crítica social. Sin embargo, como nos sucede a muchos, Merritt trasladó esa advertencia política al ámbito personal y la transformó en una cuestión de estilo. El placer, afirmó bromeando solo a medias, depende de que la vergüenza esté ya incorporada al arte en forma de ironía, pues solo así se puede experimentar la emoción sin la bochornosa pérdida de control que implica sentirla. Y así llegamos a una encrucijada donde *sofisticación* es tan solo un sinónimo de *represión paralizadora*. Es como si hubiéramos cogido una panacea, la que previene a los artistas contra «expresarse a sí mismos» soltando sus emociones como si se estuvieran confesando, y la hubiéramos deformado hasta crear un principio estético (y anestésico) según el cual el arte no puede ser expresivo ni catártico para el público.

De forma similar, Kundera también carga contra el sentimentalismo porque considera que somete al individuo soberano a la humillación de sentirse humano: «El kitsch provoca dos lágrimas de emoción, una inmediatamente después de la otra. La primera lágrima dice: "¡Qué hermoso, los niños corren por el césped!". La segunda lágrima dice: "¡Qué hermoso es emocionarse junto con toda la humanidad al ver a los niños corriendo por el césped!". Es la segunda lágrima la que convierte el kitsch en kitsch». Lo que Kundera rechaza aquí por considerarlo demasiado autoindulgente, tal como indica Solomon, es cómo la catarsis sentimental (lo mismo que la catarsis trágica) puede dar lugar a la contemplación de la experiencia universal, que podría considerarse el punto de partida de la filosofía. La indulgencia del propio Kundera para consigo mismo, por cierto, canta a la legua.

De lo que se nos puede acusar a estetas cohibidos como Kundera, Merritt o yo mismo es de imbuir de sentimentalismo la ambigüedad, el caduco dogma de la era postidealista que nos ha tocado vivir. Y eso puede convertirnos en embaucadores de otra índole, con nuestra tendencia a confundir las complicaciones superficiales y la opacidad con profundidad, y a pasar por alto la complejidad que lo sentimental puede revelar tras un análisis más paciente y curioso. En mi opinión, se trata de un defecto endémico entre los contrarios a la religión, que hemos decidido buscar la experiencia trascendental en el arte y que, por lo tanto, reaccionamos contra lo que nuestro instinto nos dice que es arte malo como si de una blasfemia se tratara.

No es que el arte sentimental no pueda ser pésimo. Nada podrá convencerme de que el libro que Céline publicó junto con la fotógrafa Anne Geddes, *Milagro* —lleno de imágenes saturadas de color de bebés que duermen en brazos de Céline o en las vainas de verduras gigantescas—, es nada más que grotesco, una inusual caída en el narcisismo del que suelen acusarla los críticos, y que solo puedo perdonar achacándolo a la locura transitoria de unos padres primerizos. (Ella y René tuvieron muchos problemas para concebir y terminaron recurriendo a la fecundación in vitro.) Pero si el libro es malo no es porque diga que los bebés son especiales, porque es verdad, lo son: representan la continuidad; exigen que los protejamos; suponen una misteriosa alteridad al abatimiento y las concesiones de la vida socializada. Son adorables. Y por mucho que diga Kundera, recordar que los demás, incluidos los imbéciles rematados, piensan como nosotros sobre este asunto puede multiplicar nuestra tolerancia y nuestra sensación de camaradería. El libro da grima porque presenta a los bebés como si fueran pequeños alienígenas muertos, a punto de ser sometidos a una autopsia en un Jardín (orgánico) del Edén fabulosamente fecundo.

Como sucede con cualquier otro tipo de inspiración, lo que puede convertirse en un lastre estético es lo que se hace con sentimiento, no el sentimiento en sí. Si confundimos lo uno con lo otro nos exponemos a terminar curtiéndonos contra, para usar la frase de Lincoln, los ángeles de nuestra condición. Más aún, como escribió Saul Bellow, «todo el mundo sabe que la represión es ajena a la precisión y la exactitud: reprimir algo significa reprimir también lo contiguo». Así pues, ¿con qué otras cosas podemos perder el contacto si sofocamos lo sentimental? Las fotografías de Anne Geddes no impedirán que nos quedemos embobados ante un bebé de verdad, pero ¿por qué hoy resulta difícil imaginar que un cantante logre el éxito con una canción sobre su madre, algo habitual en la música popular de antaño? ¿Acaso el tema es inherentemente menos artístico que una canción sobre follar? No, pero fuera de la música country (el último refugio de las verdades de la canción de salón), el espectro de la sentimentalidad nos asusta, y la expulsión de la maternidad de nuestra música supone otra forma más de subestimar a nuestras madres.

El cineasta canadiense Guy Maddin dijo en su día: «Yo creo que el melodrama no es solo la vida exagerada, sino la vida desinhibida». Se trata de una idea provocadora: que lo melodramático y lo sentimental pueden ser una verdad reprimida del sentimiento humano, inhibida por los imperativos modernos de la racionalidad y la ambigüedad. Tal vez debamos liberar el contenido onírico de lo sentimental, del mismo modo que a principios del siglo xx Freud y los surrealistas se dieron cuenta de que la sociedad occidental tenía que dejar al descubierto la parte oculta, sexual y violenta de la conciencia y escarbar en ella. Quién sabe, a lo mejor si suprimimos las inhibiciones que los limitan, los sentimientos tiernos revelen un esplendor insospechado.

Pero para eso tendríamos que relajarnos y dejar de preocuparnos por si nos mostramos o nos sentimos ridículos. La propia Céline aborda ese obstáculo en el primer single de su disco de 2007 *D'Elles*, titulado *«Et s'il n'en restait qu'une»*, con letra del novelista francés Françoise Doiron. Céline canta que «si un día queda una sola persona» dispuesta a trazar «tontamente» corazones en la arena, pedirle deseos a las estrellas, «envidiar los tiovivos donde chicos y chicas se han enamorado desde el principio de los tiempos» y soñar bajo la luz de la luna, ella «sería esa persona». Esta canción, que se burla de la estereotipación de los estereotipos para luego abrazarlos con actitud desafiante, es la respuesta de Céline a las burlas de los críticos y los cantantes punk o, por decirlo en palabras de Solomon, «a la gran cantidad de sofistería que se invierte en hacer burla y socavar la legitimidad de dichas emociones».

El aluvión de mofas puede resultar desalentador, pero vale la pena recordar que en otros casos ha bastado un gesto tan frívolo y simple como una versión punk-rock irónica para fundir el desprecio y transformarlo poco a poco en un afectuoso apego. En su ensayo de 2002 «On Being Laughed At», el psicoanalista británico Adam Phillips escribe: «Tan solo nos burlamos de aquellos con quienes sentimos una afinidad y que por eso debemos repudiar. [...] Nos reímos para sabotear nuestro sentimiento de sincronía, pero dicha sincronía ya se ha producido. Todo se reduce, como de costumbre, a una catástrofe imaginada. Y no podemos evitar preguntarnos: ¿qué devastación imaginada tendría lugar si quien se mofa de alguien no lo hiciera? ¿Qué teme que le pueda suceder si deja de burlarse de su víctima, si renuncia a organizar su humillación? ¿Qué podrían hacer juntos? La respuesta llamada psicológica sería tal vez que vería en su víctima demasiado de sí mismo, o demasiado de algo que existe en sí mismo. La respuesta política sería que se volvería democrático. En otras palabras, pues, lo que revelan las burlas es un terror emocional a la democracia; que el objeto de ridículo es siempre nuestro deseo de estar acompañados, nuestra secreta afinidad con los demás».

Una tarde, poco después de que empezáramos a salir, la que terminaría siendo mi exmujer y yo estábamos en su pequeño apartamento escuchando música. Para poner a prueba sus límites, empecé a chincharla con su colección de música, compuesta básicamente por discos de cantantes melódicos y de rock 'n' roll de los cincuenta comprados en tiendas de segunda mano, una fijación bastante pintoresca para una novelista de veinticuatro años. Ella se acercó al tocadiscos de maleta y puso «Oh Boy», de Buddy Holly, debajo de la desgastada aguja: *All of my life I've been a-waitin' | Tonight there'll be no hesitatin' – oh boy | When you're with me...».* Y entonces se puso a cantar a coro: «*Stars appear and shadows are falling | You can hear my heart a-calling | A little bit of lovin' makes everything right | I'm gonna see my baby tonight!».** Le encantaba, dijo, porque era la verdad. No tenía nada más complejo ni contradictorio que decirme: «Oh boy!» expresaba exactamente lo que sentía por mí en aquel preciso instante.

Creo que nunca, ni siquiera cuando pronunciamos nuestros solemnes votos matrimoniales, me he sentido más conmovido por una declaración de amor. Pocas veces me he sentido

* Llevo toda mi vida esperando | pero esta noche no dudaré – ¡ah, chico! | Cuando estás conmigo... *(N. del t.)*

** Salen las estrellas y caen las sombras | Escucha mi corazón que te llama | Un poco de amor todo lo arregla | ¡Esta noche voy a ver a mi amor! *(N. del t.)*

tan honrado, tan humano, tan seguro de que con ser humano bastaba. Que luego no bastara, que al final la historia tomara un cariz más triste, no mancilla en absoluto aquel momento ni empaña lo más mínimo el recuerdo de la tenue luz otoñal que le iluminó la cara mientras me cantaba aquella canción de Buddy Holly.

De acuerdo, Céline, estoy preparado. Aquí te espero.

II

Hablemos de *Let's Talk About Love*

Uno no es consciente de hasta qué punto sus gustos pueden ser unos controladores egoístas hasta que intenta traicionarlos, y sirvan como muestra las contorsiones bufonescas que he necesitado para, simplemente, poder escuchar a Céline Dion. Ahora mismo suena en mis altavoces su versión de 2003 del tema de Roy Orbison «I Drove All Night» y tengo que hacer un esfuerzo para no estirar la mano y apagar la música. Y no porque, a estas alturas, me siga ofendiendo personalmente (he desarrollado incluso algunas excéntricas teorías sobre cómo Roy era igual que Céline: si ella es una *drag queen* femenina, él fue un *drag king* masculino). No, el problema es que mi edificio está muy mal insonorizado. Vivo en un espacio industrial convertido en vivienda (un cliché, ya lo sé), y cuando me mudé tuve que firmar un contrato en el que aceptaba que los niveles de ruido del edificio superaban lo permitido por las regulaciones municipales. Cada vez que mis vecinos se pelean, ven la tele, follan o escuchan tecno, lo oigo. Y sé que ellos me oyen a mí. Se trata de un pequeño viaje de descubrimiento de uno mismo: por ejemplo, resulta que no me molesta que unos desconocidos me oigan cuando me acuesto con alguien, pero en cambio me avergüenza que sepan que escucho *Let's Talk About Love* una y otra vez. Me preocupa que les moleste, pero más aún temo que piensen: «Qué tío más patético». Tardé meses en poder poner el disco a todo volumen, sin usar auriculares ni recurrir a otros subterfugios. Inconscientemente, parece que he transformado a Céline de una aversión inconfesable a un clásico placer inconfesable, una categoría de la que creía haberme librado hace años.

Sí, he dicho placer. A veces. A modo de explicación, planteémonos una cuestión de mayor calado: teniendo en cuenta todo lo que hemos dicho hasta el momento, si tuviera que escribir una crítica de *Let's Talk About Love*, ¿cómo sería? ¿Sería capaz de no dar por sentado que los gustos son algo transparente o de adoptar un punto de vista superior y desinteresado? ¿A qué tipo de decisiones estéticas podría apelar? Fingir que el disco es nuevo resultaría artificial, o sea que imaginemos como pretexto que en 2007, el año en que escribo estas líneas, se acabara de publicar una reedición de *LTAL* con motivo de su décimo aniversario, y que una revista me hubiera encargado una crítica. He aquí la penúltima entrega de nuestro experimento.

Céline Dion
Let's Talk About Love: Aluminum Anniversary Edition
(Sony Music)
Crítica de Carl Wilson para la revista *33 1/3*

Si la música pop fuera una baraja del tarot, Céline Dion sería el tres de espadas: tres hojas que atraviesan un henchido corazón rojo, lágrimas que caen del cielo. Su función en la era del punto com de finales de los noventa (cuando *Let's Talk About Love* se convirtió en su segundo disco consecutivo en vender más de veinte millones de copias) consistía en compensar la «exuberancia irracional» de la época proporcionando un lavado de colon al sistema límbico: un llanto copioso y purificador. Pero yo nunca me tomé la medicina que me ofrecía.

No es que un servidor sea un estoico inconmovible: si quieren saber qué me hace llorar con más frecuencia que George Jones cantando «He Stopped Loving Her Today», les diré que, generalmente, una escena ñoña de alguna teleserie sobre una chica adolescente (*Es mi vida*, *Buffy, cazavampiros*, *Veronica Mars*, *Freaks and Geeks*, *Joan of Arcadia*...) puede provocarme riadas de lágrimas.

Y creo que sé por qué. No se trata solo de un efecto que me provoquen las chicas guapas y melancólicas. Ni tampoco, como creí en un primer momento, de un mecanismo de evasión para recuperar las experiencias febriles de la adolescencia, la escena de un crimen de reinvención personal (a través de unos ojos femeninos, eso sí, pues el adolescente varón no es precisamente un modelo de agudeza psicológica). No, lo que pasa es que mi llamada vida adulta es humillantemente parecida a la de una chica adolescente, o por lo menos a la versión confusa y existencialista de las adolescentes que nos presentan las series de televisión. Mi vida es una combinación de comedia y drama, centrada más en mi grupo de amigos que en una familia o un lugar de trabajo. Los vagos argumentos que conforman la trama suelen ser poco más que excusas que sirven para entablar interminables conversaciones sobre relaciones, libros, grupos de música, el significado de todas las cosas y la pregunta de hasta cuándo podremos seguir forzando las normas adultas antes de meternos en un lío. Por lo general las forzamos más de la cuenta. Mi trabajo me obliga a asistir a un montón de eventos culturales y fiestas en los que trato de averiguar de qué forma me adapto a nuevos grupos sociales, y la conclusión es siempre la misma: no muy bien, la verdad, y eso es algo que resulta bastante descorazonador. Pero mi vida responde también a una vocación, una misión secreta como la de Buffy (cazavampiros), Veronica (chica detective) o Joan (enviada especial de Dios), con la única diferencia de que yo paso más tiempo escribiendo y menos persiguiendo zombis. Y ahí es cuando entra en juego la parte fea de mi identificación con este tipo de personajes: mi misión tiende a distanciarme del centro de la vida adulta, del alboroto de los negocios y la vida doméstica, que es donde habitan los adultos normales. Y me temo que todo eso ha supuesto un freno en mi desarrollo.

Se trata de una aflicción cada vez más común. Los campos culturales siempre se han dividido en camarillas (conocidas en su día ni más ni menos que como «escuelas») con estilos distintos, en lo que a menudo termina pareciendo una repetición de la vida adolescente. Sin embargo, con la actual tendencia de las clases medias occidentales a dilatar el período educativo y retrasar tanto el matrimonio como el momento de tener hijos, la prolongación de la adolescencia se está convirtiendo en la norma. En la cultura pop eso significa, entre otras cosas, que los subgrupos identitarios tipo instituto se han convertido en categorías permanentes de nichos de consumo. No es algo que me entusiasme, pero debo admitir que formo parte de ello.

Céline Dion, en cambio, no forma parte de ello, y tal vez por eso su música nunca me arranca una lágrima. ¡Por dios, pero si Dion ni siquiera fue al instituto! En la época en que le habría tocado hacerlo, ya había dejado los estudios y estaba probando suerte en el mundo del espectáculo, la gran esperanza de su empobrecida familia franco-canadiense de catorce hermanos. El sector del entretenimiento al que se incorporó era una rémora de la época anterior a que el pop se convirtiera en una subcultura «adulta contemporánea». En *Let's Talk About Love*, y a los veintinueve años, Céline Dion cantaba duetos con los Bee Gees, Barbra Streisand y Luciano Pavarotti, gente de cincuenta, sesenta y setenta años. No sabía nada sobre la cultura joven. Pero así su música también podía resultar potencialmente atractiva para abuelas, madres, tíos y padres, además de adolescentes (de las de verdad, de las que no van siempre acompañadas de irónicas voces en off). Dion fue la artista musical más representativa de finales de los noventa. El disco entero transmite un *Zeitgeist* que se refleja también en el brillo metálico de las cajas de CD y DVD conmemorativas que Sony ha diseñado para este set de aniversario.

Entre las *power ballads* marca de la casa que se incluyen en este álbum encontramos «The Reason», «When I Need You» y, naturalmente, su éxito de *Titanic*, «My Heart Will Go On», canciones que desprenden toda la tensión propia del cambio de milenio. Sus múltiples crescendos están diseñados para proyectar a quien los escuche por encima de una amenaza anónima, ese iceberg histórico que sigue esperando, y hacerlo aterrizar en las plácidas aguas del Fin de la Historia. Lo único que necesitas, predica Dion, es amor, ya sea personal o geopolítico. En la bendición final, la canción que da nombre al disco (compuesta por una coalición franco-británico-canadiense), la cantante invoca a la «gente de todo el mundo, con caras y nombres distintos»,* unida por «una emoción verdadera que me recuerda que todos somos iguales».** Dion formó parte de la era del triunfalismo corporativista, pero su público global percibió en su voz, la de una cantante no estadounidense cuya lengua materna no era el inglés, la conciencia de que incluso mientras persigue la prosperidad uno debe conservar vínculos íntimos con la familia y el propio patrimonio y luchar por ellos con la misma pasión con la que combatió Juana de Arco. Y al oírla cantar uno tenía la sensación de que tal proeza era tan sencilla como desentrañar los enredos de una comedia romántica con Meg Ryan... en fin, corría 1997. El optimismo abundaba. Oír el coro infantil de «Let's Talk About Love» es rememorar una época en que incluso los cínicos podían no ser conscientes de

---

* People around the world, different faces, different names.
** One true emotion that reminds me we're the same.

estar experimentando simplemente la calma entre dos batallas, y en la que pronto las identidades colectivas y el pluralismo de mercado volverían a saltarse mutuamente a la yugular.

Su combinación de instinto empresarial y de anhelo doméstico también convirtió a Dion en la *chanteuse* del «equilibrio entre vida y trabajo», un reto al que, en las «postfeministas» postrimerías de los noventa, se enfrentaban más mujeres que nunca, algunas porque las habían hecho socias en su bufete de abogados, otras porque tenían que apañárselas con tres contratos pírricos a tiempo parcial. El error más frecuente consistía en creer que a esas mujeres no las separaba un abismo, y que a todas les tocaría una parte de los dividendos del crecimiento. (¿Alguien recuerda los «planes de participación para empleados», en los que la opción de compra de unas acciones insignificantes sustituyeron las pagas extra?) Ninguna canción de *LTAL* responde de forma tan directa a esa aspiración a una vida mejor como «Immortality», escrita y cointerpretada por los Bee Gees, un tema que captura las contradicciones de Dion de forma tan exhaustiva que resulta incomprensible. Los estribillos ronronean acerca de la eternidad y no decir nunca adiós, pero los versos hablan también de cómo los sueños «tienen que» hacerse realidad: «Me lo van a tener que dar», canta Dion, y «Lo siento, pero no tengo ningún papel reservado para el amor».* Sea lo que sea lo que le tienen que dar, está decidida a perseguirlo aunque eso suponga dejar el campo de batalla cubierto de cadáveres y cartas de despedida. Me horroriza pensar que hay gente que pone esa canción en bodas y funerales. Y, sin embargo, la música —producida por Walter Afanasieff, colaborador de Mariah Carey, con un ritmo sintético sensual, constante, casi como una samba (no es de extrañar que alcanzara el número uno en Brasil)— es profundamente acara-

---

* I will make them give it to me | Sorry, I don't have a role for love to play.

melada. Por su parte, los coros de los hermanos Gibb son tan centelleantes que a uno le dan ganas de cantar a coro el mismo galimatías que ellos, seguir su fluir líquido hasta el dorado país de nunca jamás de la avaricia espiritualizada y el materialismo trascendental.

Por todo ello, «Immortality» es un artefacto más fascinante teniendo en cuenta su época que, pongamos, todo ese rollo como para escurrir el bulto sobre una juventud sobreeducada y subempleada que se traían grupos como Pavement. Aunque, como parte de esa estructura (un servidor era y sigue siendo fan de Pavement), la perspectiva del tiempo revela claramente por qué eran tan fastidiosos, mientras que Dion, si uno la ve como una combinación de fuerzas sociales, como Elvis en los cincuenta, lo parece menos. Porque no se entretiene con maniobras subculturales infinitesimales, este álbum y su fijación con las relaciones personales privadas me remiten una y otra vez a la esfera pública.

Se trata, por cierto, de una esfera densamente poblada. Tal vez porque tenía que subir la apuesta después de haber publicado *Falling Into You* el año anterior (algo que también motivó el título al estilo «álbum-concepto», como si hubiera algún disco de Céline Dion en inglés que no tratara de principio a fin sobre el amor), este disco lleva la amplitud de registros típica de los trabajos de las divas a un eclecticismo tan extremo que resulta surrealista. Como casi todos los CD publicados desde mediados de los noventa hasta principios de la década de 2000, *LTAL* es estúpidamente largo: dura más de setenta minutos solo porque el formato lo permite, aunque es cierto que hace falta bastante rato para abarcar *power ballads*, rock melódico, un dueto a lo Broadway, R&B, disco, gospel pop, *cod opera* e incluso reggae *dancehall*. No se trata de un álbum conceptual: Dion, como la mayoría de los cantantes de pop, incluidas las estrellas del soul, el country y el hip-hop, es por encima de todo una artista de singles. De hecho, casi la mitad de las canciones del disco llegaron a las listas de éxitos de alguna parte del mundo. Así que tiene más sentido pensar en el disco como un espectáculo de variedades, «La Revista del Amor de Céline». Si un número no es de tu agrado, no pasa nada, pronto empezará otro, aunque la intérprete siempre será Céline Dion. Este hecho llevó a la crítica a censurar su falta de personalidad, una reacción que nos obliga a preguntarnos en qué momento dimos la espalda a la versatilidad propia del mundo del espectáculo. Cada número cuenta también con un productor distinto, y sus estilos particulares determinarán qué partes del espectáculo te gustarán más.

Para mí, el Busby Berkeley del disco es el veterano productor Ric Wake, y los dos temas que me resulta más fácil admirar son sus dos números dance, cosa nada rara, ya que por lo general prefiero los temas dance a las baladas pop insustanciales. Y, sin embargo, me sorprende la agilidad con la que la dolorosa tres de espadas se convierte en una centelleante reina de la música disco en «Just a Little Bit of Love» y, asombrosamente, en una desharrapada reggae raggamuffin en «Treat Her Like a Lady». Me aproximé a esta última con un manual completo de munición contra la apropiación cultural y la juglaría contemporánea, pero a la mierda: vale, es posible que Dion no supiera gran cosa de la polémica sobre la misoginia dentro del reggae *dancehall* que desató esta canción estilo «didáctica para matones» de la cantante jamaicana Diana King, pero hace honor al espíritu del título. Con King siempre a su disposición soltando frases en *patois* y el grupo femenino de Detroit Brownstone entonando tonadillas de saltar a la comba, no parece que Dion incurra en un pastiche condescendiente; suena exultante y boba como ella sola. Además, que exista un himno antisexista de reggae *dancehall* cantado por Céline Dion es una de esas rarezas que hacen que sea una alegría despertarse cada mañana.

La canción más lenta grabada bajo la dirección de Wake es también el momento en que el disco está más cerca de arrancarme una lágrima: «Love is on the Way», un tema realmente inspirador. El secreto está en que, a diferencia de la mayoría de los seminarios sobre pensamiento positivo en formato pop, la canción, anticipando mi escepticismo, me agarra por los hombros y me da una buena sacudida: «Estás hecho un lío, el mundo es un lío, ¿qué puedes esperar? Escucha, chaval, puedes esperar mucho. Pronto empezarán a pasarte cosas buenas. No te las mereces, pero es lo que hay. Ese es el "misterio del mañana". ¡El amor te va a llevar en volandas con alas de ángel, joder! O sea que da las gracias, cabrón». La estilización tipo gospel refuerza el mensaje. Del mismo modo que las iglesias aseguran que Dios salva incluso al más miserable de los pecadores, la lección secular es que el tiempo tampoco se olvida de nadie: por atascado que te sientas, también tú terminarás viajando al futuro. Y cada vez que me rebelo contra mi empecinamiento por repetir unos patrones que siempre terminan en derrota, esta canción me sirve de recordatorio de que hay algunos patrones —un redoble de batería martilleante, una melodía pegadiza tipo *do-re-mi-fa-mi* y unos coros ascendentes, «ooooh»— que vale la pena repetir, aunque antes tengas que esperar varias estrofas tirando a aburridas.

Para mí, la cara opuesta a Wake, el malo de *LTAL*, es el productor más habitual de Dion, David Foster. Ante quienes critican sus discos por considerar que tienen una «producción excesiva», alguna vez Dion ha respondido con gran inteligencia que eso «no es algo malo; está muy bien, es lo más, es *Lo que el viento se llevó*». Estoy con ella si nos referimos a la producción excesiva que recibe de Jim Steinman, el colaborador de Meatloaf que hay detrás del rollo metalero de piezas como «It's All Coming Back to Me Now» de *Falling Into You*. El toque de Foster, en cambio, me parece simplemente pasteloso: va demasiado lejos pero no termina de llevarte a ninguna parte. No detesto todo lo que hace, pero por lo general me parece bastante prescindible, el tipo de trabajo que lleva a los críticos a decir que una canción es «de relleno». (Lo mismo pienso de las dos producciones de Corey Hart, «Miles to Go» y «Where Is the Love?».) En cambio, para muchos fans de Dion las piezas de Foster son el verdadero meollo de su atractivo. A lo mejor «de relleno» no es más que el nombre que damos a las canciones que van dirigidas a aquellos miembros del público que menos se parecen a nosotros.

Por ejemplo, Foster firma el tibio tema R&B «Why Oh Why». Supongo que no es culpa suya que la canción sufra retroactivamente por haber sido grabada justo cuando el género del R&B estaba a punto de mutar y convertirse en la maravilla sonora más asombrosa de la música pop. En cambio sí culpo a Foster de las dos canciones de más relumbrón del disco. En «Tell Him», Dion y Barbra Streisand se dejan la garganta cantando una letra patética escrita por la esposa de Foster, un diálogo entre una niña ingenua y su mentora, que se queda en recatada y estridente cuando podría haber sido burlona y picante; el único diálogo intergeneracional que puede suscitar la pieza es uno en el que los padres tengan que contarles a sus hijos que en su día Barbra Streisand fue una gran artista. Por otro lado, «I Hate You, Then I Love You» (una adaptación a la napolitana del éxito entre triste e insolente de Shirley Bassey «Never Never Never», de 1973) es involuntariamente graciosa debido a la rigidez con la que Luciano Pavarotti declama sus versos y a la torpe sobreactuación de Dion. Sé que hay mucha gente a la que le gustan esas canciones por sus interpretaciones vocales, pero a mí el aura de «prestigio» me deja frío, sin duda porque se me hace difícil entender qué necesidad podía tener una cantante pop de la década de 1990 de buscar aprobación en Broadway o en la ópera. Aunque, visto así, seguramente Foster tampoco entendería que a mí me pareciera genial que Sony Music recogiera el guante que les lanzó Snoop Dogg en una entrevista reciente, cuando aseguró tener «varios ritmos a punto para Céline Dion».

Es incluso posible que «I Hate You...» quiera ser sarcástica, que vaya de cancioncita tonta, como sucede en parte con la versión de Bassey antes de que salte a la yugular. Siempre que recurro a las fuentes de los *revivals* de Dion (como la inmersión completa en la miel orgánica y sostenible de los años setenta que es el «When I Need You» original de Leo Sayer), les encuentro mucho más encanto. Creo que la diferencia está en lo pintorescas que resultan esas canciones antiguas, que son como fotografías descoloridas de maneras de ser adulto que ya han pasado a la historia, pero que para Foster y Dion siguen siendo viables en la actualidad, o por lo menos en 1997. Y eso me desconcierta.

La mayor parte del resto de las canciones del disco tienen momentos que me entusiasman puntualmente para de inmediato dejarme frío, por ejemplo «Us», escrita y producida por Billy Pace. Se trata de una apelación a un amante desencantado para que no se vaya y (como decimos en la era de la intimidad entendida como un empleo) trabaje en la relación. Dion arremete con un lamento al estilo blues: «You say it doesn't matter – then tell me, what does?», y «You say it's never easy – then tell me, what was?».* Parecen preguntas no solo válidas, sino fundamentales a la hora de estudiar la ambigüedad de forma y fondo que hace que las rupturas resulten tan vertiginosas: «Vale, tengo muchas carencias, pero ¿en comparación con qué? [...] Y luego dices que necesitas "espacio" y "tiempo". ¿Para ti y la metafísica de quién?». Pero la canción se prolonga durante

---

* Dices que no tiene importancia; y dime, ¿qué la tiene? | Dices que nada es fácil; y dime, ¿qué lo fue? *(N. del t.)*

seis minutos más, del enfrentamiento a la arenga hasta entrar en el terreno de la orden de alejamiento. ¿Dónde queda el gancho vodevilesco?

En realidad, hay un productor que brilla más que Wake, pero solo tiene una canción. Porque los discos superventas, igual que los millonarios de la burbuja del punto com de los noventa, prefieren gastar su fortuna de inmediato, así que esa canción es la primera de todas. «The Reason» fue compuesta a medias por viejos zorros del sonido Brill Building y por la cantautora de los setenta y autora de *Tapestry* Carole King, pero lo más relevante es que la producción y los arreglos corrieron a cargo de sir George Martin, el quinto Beatle, justo antes de retirarse. Los versos son elegantes, y con el estribillo se dispara una pirotecnia a lo John Steinman de tal calibre que Dion parece estar gritando no solo al amante, que es su «razón» para existir, sino a la razón primordial, al principio abstracto del universo en expansión. Pero lo que conforma «The Reason» y la actualiza constantemente es lo que sir George denominaría seguramente «los puentes», en los que el veterano productor despliega los prodigiosos trucos de prestidigitación que ya le vimos emplear una y otra vez en algunos éxitos de Paul McCartney de los setenta, mucho más tontos que este. (Y no miro a nadie, «Live and Let Die».)

Tras el primer break, la canción pasa a un tono menor y la sección de cellos inicia un ritmo sincopado que conduce a la música detrás de una cortina y hasta el dormitorio: *«In the middle of the night»*, jadea Dion (mientras de fondo se oye un coro sensual), *«I'm going down, 'cause I adore you!»*. Sí, ni más ni menos que *«going down»*. Y por si alguien no se cree lo que está escuchando, a continuación hay una clásica pausa George Martin y un redoble, tras el que Dion, con un susurro postcoital, añade: *«I... want... to floor you»*. ¿No es *«floor»* un eufemismo perfecto aquí? La segunda vez todo vuelve a suceder igual, pero multiplicado, y se incorporan unas trompetas que se elevan en espiral para dar paso a un solo de guitarra acojonante de Robbie McIntosh, de los Pretenders. El efecto acumulativo sirve para invertir el efecto humillante que para uno puede tener la letra, y eso, a su vez, garantiza que cuando llegamos a lo que debe de considerarse el clímax, la mujer ostenta una posición claramente dominante. La canción, que empieza con una chica suplicando arrodillada delante de un hombre, termina como una rapsodia al poder erótico femenino que fluye en el centro del cosmos. Y si uno es capaz de no pensar en ningún momento en el marido de Dion, tiene que admitir que la clava en más de un sentido. Entretenimiento adulto, por fin.

Y así llegamos finalmente a la guarida de la bestia: «My Heart Will Go On (Love Theme from *Titanic*)». Una década más tarde, y aun admitiendo que la melodía de James Horner tiene algo, sigue resultando difícil no escuchar la canción como una reconstrucción de sí misma, un eterno efecto recursivo que, como demuestran el millón de chistes que se han hecho sobre ella, la saturan desde el primer compás. La esponjosa familiaridad hace que me resulte casi imposible visualizar la canción, y más aún emocionarme con ella, con una sola excepción: cuando aparece en una serie de televisión sobre una chica adolescente.

Fue en la última temporada de *Las chicas Gilmore*, una serie sobre una chica estudiosa llamada Rory y su madre Lorelai. Lorelai tenía más o menos la edad que hoy tiene Rory cuando se quedó embarazada, dejó el instituto y se marchó a vivir a un pueblo, donde crió a su hija sola. La proximidad de sus edades hace que entre las dos se establezca una relación peculiar (que incluye unos excéntricos gustos musicales compartidos). Uno de los temas centrales de la serie es que, mientras que Rory es excepcionalmente madura, a su madre la maternidad le obligó a crecer demasiado deprisa: la verdadera adolescente es la chica confusa que todavía asoma debajo de la fachada competente de

Lorelai. Al principio de la temporada, tras una relación fallida más, Lorelai vuelve con Chris, su novio del instituto y padre de Rory, y se casa con él. Pero el matrimonio pronto se complica. Chris está celoso y distante, porque cree que en realidad Lorelai no quiere estar ahí. La mejor amiga de Lorelai le pregunta si está convencida de que Chris no tiene razón, y ella no sabe qué contestar. Mientras tanto, en el hostal de Nueva Inglaterra que regenta, el cascarrabias conserje francés, Michel, está desconsolado tras la muerte de su insufrible perro shih-tzu. (El pueblo está lleno de personajes.) Michel convence a Lorelai para que organice un funeral por todo lo alto. Se trata de un motivo de irritación más en medio de la crisis, pero Lorelai cumple con su parte: recluta a su amigo roquero, Zack, para que toque durante el oficio y los tres salen a comprar una partitura. Una de las bromas que se repiten a lo largo de la serie tiene que ver con que Michel es fan de Céline Dion (un chiste privado, ya que el actor que lo interpreta es de Montreal), de modo que el conserje insiste, ante un mortificado Zack, en que deben elegir «My Heart Will Go On», pues esta era la «canción preferida» de su perro.

Finalmente llega el funeral, que se celebra en una sala del hostal abarrotada de flores, de los amigos de Michel y de sus perros. La cámara enfoca un momento a Zack, que, ataviado con un elegante traje, toca una versión de la canción con arreglos para guitarra, y después se detiene en Lorelai, de pie junto a la puerta. Con la música sonando de fondo —unas cuerdas de nailon que se elevan a través de esta oda a una pasión que no conoce distancias, hasta el sepulcro y más allá—, a Lorelai le empieza a temblar el rostro de forma casi imperceptible. Se le oscurece la mirada y el espectador comprende que se acaba de dar cuenta de que el amor que siente hacia su marido no es ni tan profundo ni tan auténtico como la devoción de Michel por su espantoso perro. O como la ternura que Zack vierte en una

canción que detesta, solo por Michel. O incluso como la soña-
dora letra de la canción que, como los sentimientos de Lorelai,
no llega a verbalizarse, pero nos resuena en la mente. No quiere
a Chris a su lado hasta que la muerte los separe. Ese es el tipo
de amor que querría darle, el amor que él merece, pero Lorelai tiene que dejar de engañarse: ese amor no está ahí. Cuando
vuelve a su casa, Chris le pregunta qué tal ha sido el funeral.
«Triste», se limita a responder ella, y a continuación le pide que
se siente, le dice que lo lamenta mucho y se despide de él.

Lo que me hace llorar no es solo la idea de tener que abandonar un amor que es real pero al mismo tiempo equivocado.
Algo ha cambiado. No estoy viendo una serie sobre una chica
adolescente, sea la madre o la hija; de pronto lo que estoy viendo se ha convertido en una serie sobre una mujer adulta, de mi
edad, que se ve obligada a admitir que para forjar una felicidad
pasablemente decente no puedes estar tratando de forzar todas las normas una y otra vez; que no estás exento de las leyes
del movimiento que hacen girar el universo. Y una de esas leyes, aunque tal vez sea de las más secundarias, es que la gente
necesita canciones sentimentales con las que casarse, llorar las
pérdidas y romper con alguien, y que esa función importa más
que cualquier elemento intrínseco de las canciones en sí. De
hecho, es posible que cada vez que una de estas baladas lacri-
mógenas te toca la fibra, caigas en la cuenta de que no eres más
que un perro tonto que va a tener que apañárselas como pueda
hasta el día que se muera. Y eso es triste, tanto como para que
te vengan ganas de llorar. E incluso de llorar junto a Céline
Dion. O sea que esta noche he vuelto a escuchar su canción,
con ese funeral de ficción en mente. Y algo se ha ganado con la
traducción subcultural: aunque no se me han anegado los ojos,
tampoco se me han quedado totalmente secos.

Cuando este disco se publicó por primera vez asumí que
era un trabajo superficial, indigno de mí. Pasada una década,

no creo que uno gane nada considerando que está por encima de las cosas: es ahí, bajo la superficie, donde discurre la acción, en esa primera capa de profundidad insondable. Es ahí donde te rompen el corazón, pero donde aun así este sigue latiendo. Y, como dice la canción, sigue adelante. La historia es real. Se trata de algo importante, un momento crucial... hasta que se lo lleva el viento.

Los Magnetic Fields tienen una canción sobre «el libro del amor»,[*] el lugar, como canta Stephin Merritt, «de donde viene la música».[**] No se me ocurre una coda mejor para resumir esta reedición del disco de Céline Dion: *Let's Talk About Love* «es largo y aburrido | y escrito hace mucho tiempo. | Está lleno de flores y cajitas en forma de corazón | y de cosas que todos somos demasiado jóvenes para conocer».[***]

---

[*] The Book of Love.

[**] Where music comes from.

[***] Is long and boring | and written very long ago. | It's full of flowers and heart-shaped boxes | and things we're all too young to know.

Hablemos del amor

El virtuosismo que los espectadores *cool* de hoy en día aplauden, y que es precisamente lo que a Céline se le atraganta una y otra vez, no pasa por tener una voz que abarque varias octavas ni unos dedos veloces como los de un músico de flamenco: pasa por saber manipular signos y símbolos, por ser capaz de unirlos y desacoplarlos en un abrir y cerrar de ojos, para citar a Homero pero con voz de Homer Simpson. Se trata del tipo de virtuosismo que permite al publicista apelar a varios grupos demográficos a la vez y que define también el estilo alegre o quejoso del artista posmoderno. Y aunque desde luego supone una brillante demostración de buen gusto, requiere no tener un gusto concreto, algo que se consideraría aburrido, patético y embarazoso. De hecho, este libro suena vagamente pasado de moda porque ya casi nadie utiliza la palabra *gusto*. Cerramos el siglo xx desprovistos de todos los fundamentos del gusto de los que disponíamos, y ahora nos limitamos a escurrir el bulto. Recurrimos al gusto con más fervor que nunca, pero al mismo tiempo fingimos estar de vuelta. Le rendimos homenaje a través de la represión: no elogiamos el buen gusto de alguien porque no queremos que nos sorprendan vestidos con librea, con el bigote encerado y preguntando qué demonios les pasa a los negritos. No hablamos de *mal gusto* si no es para darle un uso irónicamente antagónico, en el que *mal* significa *buen*. Decimos que una canción, una película o un libro son buenos o son una mierda, pero jamás admitiríamos que nuestras prácticas estéticas de tiro al blanco tienen consistencia o responden a algo tan trillado o limitador como un sistema. Somos omnívoros, lo devoramos todo. Y así nunca tenemos que responder a la pregunta: «¿A quién nos referimos cuando decimos *nosotros*?».

No puedo decir que tras mi inmersión en Céline Dion haya descubierto qué significa ser un fan de Céline, pero sí que he tenido que enfrentarme a lo que implica no ser un fan suyo. Aunque ahora disfruto con parte de su música, nunca es como con «mi» música, y eso me indica que las cosas me gustan de un modo concreto: me obliga a admitir que tengo gustos. Y sí, no querer que los vecinos sepan que estoy escuchando *Let's Talk About Love* es un signo de vanidad, pero lo peor del asunto era avergonzarme de estar avergonzado. Invito al lector a probarlo: a elegir una música que le parezca particularmente poco atractiva y a ponerla a todo volumen cada día durante dos semanas; a salir de noche con una ropa que le parezca fea, y no me refiero a fea pero divertida; a que una noche en que haya invitado a una cita a cenar a casa, cuelgue un cuadro de arte cristiano encima de la cama. (Lo invito a que lo haga de verdad: leer sobre ello no sirve como sustituto.) La vergüenza nos proyecta sobre nuestra propia existencia, nos expone a la insoportable verdad de que somos idénticos a nosotros mismos, que somos nuestros propios límites. Y eso hace que el «yo» se sienta inmediatamente incompleto, injustificado, un abismo de carencias. Se trata del efecto opuesto a la sensación de prolongación de uno mismo que suelen proporcionarnos los gustos y las aversiones. Es una lección de humildad.

A veces hay gente que me pregunta si la vida no es demasiado corta para malgastarla con arte que no te gusta. Últimamente, sin embargo, tengo la sensación de que la vida es demasiado corta precisamente como para no hacerlo. Empecé este experimento con una pregunta abstracta sobre cómo funciona el gusto, pero he terminado dándome cuenta de que en realidad se trata de una cuestión más personal: estoy a punto de cumplir los cuarenta, de verme expulsado (solo en parte por voluntad propia) de la cultura joven, y he empezado a preguntarme en qué tipo de persona me convertiré cuando eso suceda. Me muero de vergüenza cada vez que recuerdo al esnob subcultural que era hace cinco o diez años, o, peor aún, durante la adolescencia y cuando tenía veintitantos, al pensar en todas las prevenciones que tomé para evitar que me asimilaran, sin darme cuenta de que, al mismo tiempo, rechazaba una invitación para salir de mi caparazón. Visto con perspectiva, este experimento parece un último intento de depurar esa insularidad para que mi siguiente fase pueda desarrollarse en un mundo más amplio, más allá del horizonte de mis propios hábitos. Acceder a la edad adulta, para mí, tiene que ver con volverme democrático.

No la elegí por eso, pero Céline ha resultado ser la guía perfecta para esta expedición: apesta a democracia mezclada con un aroma a perfumes de diseño, dólares, euros y yenes. Más que la mayoría de los famosos, parece una persona normal que se ha visto catapultada a un estatus en absoluto normal. Aparte de su música, me he acostumbrado a su rostro exageradamente expresivo, que complementa moviendo los brazos como si espantara moscas. Y, tal como sospechaba, estudiar de cerca su música aparentemente trivial me ha permitido fijarme en otro tipo de virtudes, no tanto la fidelidad y la devoción sobre las que canta, sino más bien la persistencia y la maleabilidad que requiere pasar de sus términos a los míos.

Cuando hablo de democracia me refiero justamente a eso: no a actuar con una simple ausencia de prejuicios, sino a fijarme en personas y cosas que no me gustan, lo que suscita la arriesgada cuestión de cómo soy realmente. La democracia, ese ideal peligroso, paradójico y generalmente no explorado, sabe que el «yo» no basta, que depende por definición de la alteridad, y opta no solo por aceptarlo, sino incluso por celebrarlo, para apostarlo todo a esa carta. Tal vez la democracia, que nos exige tratar a los desconocidos como iguales, logrará también que seamos menos desconocidos ante nosotros mismos.

El historiador y sociólogo Richard Sennett afirma en libros como *The Fall of Public Man* que solo podemos conocernos por completo si nos conocemos también en público, pero la cultura occidental ha resultado ser pésima en cuanto a la proyección pública del «yo». No es solo que nos falten espacios compartidos y que permitamos la privatización rapaz de los recursos, la cultura y todo lo que contribuye al bien común; el problema está en el concepto de naturaleza humana que hemos adoptado, y que asume que la vida privada es más auténtica que la vida pública: «Damos por sentado», dijo Sennett en una entrevista radiofónica en la CBC, «que cuando estamos realmente presentes, realmente vivos y a disposición de otra persona, estamos ocultos de la multitud en lugar de inmersos en ella». Según Sennett, ese punto de vista se remonta a la segunda mitad del siglo XIX, cuando las culturas públicas que habían ido evolucionando en las ciudades cosmopolitas empezaron a perder impulso debido a la paranoia elitista respecto a las masas (el populacho) y al auge de la vida y de la psicología de la familia burguesa. Lo exterior se volvió sospechoso y lo interior, la introspección, se erigió como la fuente de la verdad. Y esa es la vía que conduce a las comunidades valladas.

No creo que sea una coincidencia que a finales del siglo XIX se iniciara también la demonización del sentimentalismo y una segregación todavía más rígida de los diferentes niveles culturales, que se expulsara a los pobres de los teatros de la ópera y que se desterrara a Shakespeare de los espectáculos de variedades. La obsesión artística por la autenticidad, la pureza y la profundidad arraigó de forma sólida. Todo parece encaminado a marcar claramente las distancias entre la vida privada y la interacción pública, a negar cualquier relación con el arte que no sea íntima. ¡Y cuánto capital cultural se ha invertido en los juicios estéticos estrictos! Limitamos nuestra aprobación tan solo a aquello que puede gustarnos de veras y cortamos todos los vínculos con los elementos menos seguros.

Y no obstante existen muchas formas de disfrutar de la música. Te puede gustar una canción por la profundidad, la elegancia formal y el valor perdurable que crees intuir en ella, los parámetros tradicionales de la apreciación purista del arte. Pero también te puede gustar por lo que tiene de novedoso, porque supone una aproximación original a algo viejo, aunque es posible que en ese caso solo te guste durante un tiempo breve (y que más tarde le guardes cariño porque evoca la época en que te gustaba, un recuerdo de la parte agradable de tener un pasado). El crítico Joshua Clover ha afirmado que amar la novedad es algo totalmente apropiado, pues las condiciones materiales de la cultura de masas permiten una renovación constante de ese sentimiento: si una canción pop se te gasta, siempre dispondrás de otras. Valorar la perdurabilidad por encima de la novedad es una rémora de la época de la escasez estética, anterior a la era de la reproducción mecánica o digital. Hoy, en cambio, nos puede gustar una canción por ser una de tantas, por formar parte de una multitud en lugar de ser una compañera íntima. Una vida con unos gustos plenos incluirá ambos tipos de relaciones, del mismo modo que una vida erótica plena tendrá tanto encaprichamientos y aventuras como relaciones duraderas, porque unas y otras nos proporcionan cosas distintas. (¿No es cierto que nos compadecemos de las personas que se casan con sus novios o novias del instituto, aunque al mismo tiempo admiremos su coherencia?) Afortunadamente, las canciones no tienen celos las unas de las otras, ni sentimientos que podamos herir. No necesitan nuestra devoción íntegra y permanente.

También te puede gustar una canción porque se ha quedado anticuada, por la historia social que sus anacronismos revelan. Te puede gustar una canción porque su sentimentalismo te obliga a ejercitar las emociones. Te puede gustar porque su sonido te resulta extraño y porque ofrece una visión de la diversidad humana. Te puede gustar porque es ejemplar, porque es la canción llenapistas o la pieza sensiblera «definitiva». Te puede gustar porque representa un lugar, una comunidad o incluso una ideología, tal como a mí, con el corazón partido, me gusta «La Internacional». Te puede gustar por su popularidad, porque te vincula con la multitud: ser popular seguramente no la hace ser buena, pero en cambio sí la convierte en un bien, un servicio, y puedes escucharla para intentar descubrir el efecto que produce sobre otras personas. Como escribió la crítica Ann Powers en su ensayo «Bread and Butter Songs», incluso puede gustarte una canción, por ejemplo «Living on a Prayer» o «My Heart Will Go On», por su «profunda falta de originalidad», porque estimula los sentimientos de una forma muy de andar por casa y fácilmente absorbible, y no mediante una onda de choque. Estas *«bread and butter songs»*, las canciones de toda la vida, son buenas para cantarlas a grito pelado en grupo.

Pero para que te gusten canciones por todos estos motivos, antes tienes que haberte librado de la pregunta sobre si una canción resistirá «el paso del tiempo», que implica que desaparecer, morir, equivale a fracasar (y que el gusto tiene que ver con realizar predicciones). No te gustarán si andas buscando el disco que te llevarías a una isla desierta, un escenario que parece hecho a propósito para despojar la imaginación estética de cualquier tipo de alegría y buen humor. Pero si permitimos que nos gusten canciones por estos motivos tan diversos, nuestro gusto se parecerá menos a las pandillas del instituto o a una conspiración global para preservar los privilegios y más a un mundo fantástico donde podemos tener numerosos idilios, o, cuando menos, aventuras con desconocidos.

Decir que «amaremos» todas esas canciones tal vez sea pasarse: suena demasiado a identificación y empatía. Sennett afirma que el valor moral de la vida pública se basa en la empatía, en ser capaz de decir: «Tus problemas no son los míos, pero los quiero entender. En mi opinión», declaró a la CBC, «esa es una forma más respetuosa de abordar las diferencias culturales que *consumiéndolas*, por decirlo de algún modo. Mejor eso que decir: "Ahora voy a impostar las formas del gueto y voy a hablar como los negros, porque simpatizo realmente con ellos, ¿sabes?" [...] Con las comunidades complejas, es preferible adoptar una postura que, por un lado, demuestre el esfuerzo de comprensión y, por otro, mantenga la distancia social. De hecho, esta actitud te permitirá establecer una relación más estrecha con ellos que si te obligas a adoptar una postura de intimidad y proximidad forzada al máximo; [...] porque eso es tiránico, tanto para ti como para los demás».

Si mi objetivo era aprender a amar la música de Céline Dion, tal vez mi experimento era tiránico en exceso. Decir que tenemos que amarlo todo no resolvería nada, pues eso equivaldría a no amar nada. (Como sucede con Dios.) Lo que contaba, en el fondo, era escuchar *Let's Talk About Love* con buena voluntad, darle valor al hecho de que a otras personas les parezca adorable y preguntarme qué lecciones me permite extraer sobre la música (o la globalidad o el sentimentalismo) en general. El tipo de desprecio que movilizan los gustos *cool* es enemigo de la empatía y de una estética capaz de fomentar una vida pública satisfactoria.

El objetivo no es que todos terminemos teniendo los mismos gustos, por amplios que sean. Ese parece el deseo tácito de quienes afirman conocer el valor verdadero de una obra, o de Kant y Hegel cuando sugieren que, en condiciones ideales, nos pondríamos todos de acuerdo en nuestras preferencias estéticas. Como dijo el filósofo Alexander Nehamas durante una charla en 2001, esa es una perspectiva pésima, salida directamente de *La invasión de los ultracuerpos*. Decir que a todo el mundo debería gustarle lo mismo que le gusta a uno equivale a sugerir que todo el mundo debería parecerse. El gusto, al fin y al cabo, forma parte del carácter que mostramos a los demás. La personalidad es un medio creativo en sí mismo. La gente espera que muestres una cierta coherencia en lo tocante a tus gustos, una cierta sensibilidad, del mismo modo que confía en que no adoptarás puntos de vista políticos diametralmente opuestos de un día para el otro o que no cambiarás de acento en plena conversación. Así pues, el hecho de tener preferencias musicales y gustos personales es positivo, siempre y cuando no seamos tan ingenuos como para pensar que estos son única y exclusivamente personales, ni tan egoístas como para negar la legitimidad de los gustos de los demás.

Eso implica poner límites al mecanismo kantiano que, cada vez que encontramos algo que consideramos bello, nos empuja a desear que los demás se muestren de acuerdo con nosotros, y a considerarlos anormales (para nuestra propia satisfacción, añadiría Bourdieu) si no es así. Cuando amamos a una persona no deseamos que todo el mundo sienta lo mismo; de hecho, ya es bastante jodido que una sola persona que no seamos nosotros se enamore de ella. Así pues, en lugar de preconizar la adopción generalizada de nuestras preferencias, podríamos intentar saborear la diversidad de gustos, valorar que haya gente con gustos coherentes ajenos a los nuestros, como me sucedió a mí con Sophoan, el fan camboyano-estadounidense de Céline.

Sería un alivio tener menos debates sobre quién tiene razón y quién no, y más del estilo de: «Caray, detestas toda la música que a mí me gusta y yo detesto toda la que te gusta a ti; ¿por qué crees que será?».

¿Cómo sería la crítica si nuestra prioridad no fuera persuadir al personal de que se entusiasme por las mismas cosas, si renunciáramos a abogar por tal cosa y o a argumentar en contra de tal otra? De entrada, no tendría por qué adoptar el tono de «objetividad» (o de modernidad a toda costa que denota inseguridad en uno mismo) que busca ocultar la identidad y la extracción social del crítico para convencerte mejor. Podría abordar con mayor franqueza la naturaleza dual de todo encuentro estético y ofrecer algo más parecido a un tour de la experiencia estética, un documental de viajes, unas memorias. De hecho, cada vez más y más críticos incorporan una narrativa personal a su obra. Tal vez esa sea la ventaja de la explosión de la crítica cultural en Internet, donde millones de pulgares apuntan hacia arriba y hacia abajo a diario: el hecho de que el papel de arbitraje de la crítica haya quedado obsoleto ha liberado a los críticos, que ahora pueden explorar la música de otras maneras.

Bourdieu, sin ir más lejos, pensaba que la crítica debía prestar atención al contexto, dedicarse a ubicar socialmente a los artistas y a su público, y señalar a quién va dirigida una obra de arte y a través de qué canales se expresa. Como de costumbre, se pasó de la raya al afirmar que este era el único tipo de crítica moralmente justificable, pero lo cierto es que tener más crítica de este estilo nos vendría muy bien. Además del documental de viajes y las memorias, la crítica podría evolucionar hacia la novela policíaca.

Asimismo, si lograra desembarazarse de la imparcialidad kantiana, el crítico podría convertirse en un observador más parcial, más implicado. Podríamos hablar de lo que esperamos de la música y de todas las cosas que la música nos brinda cuando,

en palabras del musicólogo Christopher Small, «musiquea».*
En la vida cotidiana, la música suele formar parte de otras
actividades: escuchamos música para bailar y para limpiar la
casa, mientras tenemos sexo, cotilleamos o cenamos. El dis-
curso crítico se articula como si la única actividad que tuviera lugar mientras escuchamos música fuera la de valorar esa
música. Por eso la cuestión se limita a «¿esta música es buena
para escucharla mientras realizas valoraciones estéticas?». Eso
explicaría por qué determinadas bandas se ganan el favor de la
crítica. Sonic Youth, por ejemplo, no es la mejor música para
bailar, pero es la banda sonora ideal para lanzar ponderacio-
nes estéticas. (Sospecho que la reciente reacción contra el rock
independiente responde en parte a un cierto cansancio respecto al hecho de que este suene mayoritariamente como música
para escuchar mientras juzgas otra música.) Céline Dion, en
cambio, no es la música más apropiada para escuchar mientras
haces valoraciones estéticas, pero puede ser la banda sonora
perfecta para un primer beso, para enterrar a tu abuela o para
echarte a llorar.

No podemos aplazar nuestras valoraciones eternamente, ya
que eso nos impediría disfrutar genuinamente de la música (es
imposible disfrutar de lo que no te gusta), pero, sin embargo,
una crítica más plural tal vez pondría menos énfasis en defender sus preferencias y se centraría más en describir el placer que
generan, con todas sus turbulencias y sus estremecimientos íntimos del alma. Se centraría más en mostrar qué significa para
uno que algo le guste y en invitar al lector a comparar. Este tipo
de intercambio a veces se produce entre los críticos en Internet, pero sería fascinante disponer de más crítica dialógica: aquí
está mi historia, ¿cuál es la tuya? Seguramente eso nos obli-

* *Musicking*, en inglés. Se refiere a la música en tanto que proceso y no como
objeto. *(N. del t.)*

garía, como le sucede a Céline, a estar preparados para que se rieran de nosotros. (Como dice la Biblia, no juzgues si no quieres que te juzguen.) Así, la vergüenza de tener gustos, el asco reflexivo a la diferencia y la extrañeza ante nuestra extrañeza mutua se ventilarían como es debido. Como Marx escribiera en su día, «la vergüenza es un sentimiento revolucionario». Obviamente, reformar nuestra manera de hablar sobre música no bastará para reparar la injusticia social ni la degradación de la vida pública; pero si vamos a hablar de todos modos, por lo menos podríamos tratar de no empeorar las cosas.

Dicho esto, el arte fallido y el arte genial (por lo menos uno espera que lo sea) existen, y vale la pena seguir intentando distinguirlos, aunque se trate de una conversación necesariamente condicionada. Seguramente, que uno prefiera a Céline Dion o a los White Stripes es algo completamente subjetivo, y creer que Céline es menos *cool* que Jack White obedece a un prejuicio social. Pero parece justo afirmar que ninguno de los dos puede compararse a los Beatles ni a Louis Armstrong basándonos, por ejemplo, en cómo esos artistas gustan ampliamente (aunque también podríamos decir *democráticamente*) a personas que por lo general quedan en lados opuestos de las trincheras del gusto. En todo caso, siempre que realizamos juicios de valor la clave está en recordar que son contingentes y que responden a un pequeño instante en el tiempo y dentro de una sociedad concreta; que nuestros juicios no son más que un borrador de la historia del arte: que esta podría ir por otra parte y que seguramente lo hará. Lo excitante es que, en tanto que borrador, nuestros juicios serán siempre susceptibles de revisión, o sea que constantemente corremos el riesgo de terminar cambiando de opinión, ni más ni menos que la promesa que inicialmente nos llevó al arte.

¿Cómo gestionará el arte el hecho de haber evolucionado hasta más allá del gusto y de que (como dijo el pintor «más buscado de Estados Unidos», Alex Melamid) los artistas hayan pasado de ser «la minoría que sabe de qué habla» a estar inmersos en un período en el que se sienten tan inseguros y tienen tantas dudas sobre cómo emplear sus gustos como cualquier otro miembro de una comunidad compleja? Si el gusto es básicamente una maraña de relaciones sociales, ¿encontrará el arte la forma de desenmarañarlas? No es fácil aventurarlo, pero si lo hace no será desde luego el tipo de arte que juzga a su público; se tratará acaso de un arte de la traducción. Hay artistas que, como Komar y Melamid con sus cuadros basados en encuestas, usan lo social como medio en sí; otros recurren a una «estética relacional» para transformar una fiesta o un juego en arte; y otros explotan la creatividad interactiva de redes como YouTube. Dichos artistas responden a diferentes niveles de vergüenza y descaro, pero todos ellos tienen en común que se arriesgan a colaborar con desconocidos. El reto, con algunas de esas obras, es reconocerlas en tanto que arte, pero después de un período en que el tema principal del arte parecía ser el arte mismo, da gusto ver obras cuya novedad consiste en dejarse permear por el mundo, aunque sea en exceso. A lo mejor pronto tendremos más espectáculos de variedades.

Al mismo tiempo, Céline también ha cambiado. Parece haberse encontrado como adulta, haber descubierto (y más vale tarde que nunca) que tiene un yo, sobre todo a raíz de la batalla de su marido contra el cáncer y del nacimiento de su hijo, René Charles (que, según he leído en la prensa, es un fan incondicional del rock duro). Mientras tanto, las cuatro temporadas de *A New Day* en Las Vegas han terminado por agotar a los escépticos y han convertido la ciudad en una nueva capital de la música. Seguro que la recaudación a finales de 2007 será todo un éxito.

Pero la evolución también es perceptible en su música. En los discos que ha publicado desde *Let's Talk About Love*, Céline muestra un mayor autocontrol, y su estilo vocal y sus arreglos son más actuales y «de buen gusto». Su último disco en francés, *D'Elles*, se adentra en el terreno de la alta cultura e incluso de lo intelectual: se trata de un álbum conceptual en el que todas las letras han sido escritas por mujeres periodistas y novelistas de Quebec y Francia. (Una de las reseñas del disco se tituló: «Soy una mujer, escucha cómo pienso».) En los Oscar de 2007 la invitaron a cantar una pieza del famoso (y *cool* por cosmopolita) compositor italiano de música de cine Ennio Morricone, que recibió un premio de reconocimiento a su carrera. Y se espera que su próximo álbum vaya todavía más lejos. Titulado (a modo de advertencia a sus fans) *Taking Chances*,* los rumores mientras escribo estas líneas apuntan a que incluirá canciones de la banda de rock Evanescence, del ex de Eurythmics Dave Stewart, de los artistas de R&B Ne-Yo y R. Kelly (que ha ganado un cierto prestigio con la audacia de su telenovela musical *Trapped in the Closet*, una auténtica chaladura), del productor TheDream (responsable del superéxito de Rihanna «Umbrella») y, lo que parece más improbable, del coleccionista de números uno y artista de estudio de vanguardia Timbaland. Es casi como si Céline hubiera aprendido a ser *cool* al estilo estadounidense.

Mientras tanto, en el verano de 2007 se estrenaron en Toronto y Montreal dos obras de teatro minoritarias con imitadoras de Céline, la primera una sátira basada en su vida titulada *Céline Speaks* y la otra una obra de misterio protagonizada por travestis llamada *Saving Céline*. No solo eso, sino que la revista *Elle* me llamó para pedirme mi opinión para un artículo que ponía en tela de juicio que Céline sea tan poco *cool* como

* Asumiendo riesgos. *(N. del t.)*

dice todo el mundo. A lo mejor Simon Firth estaba equivocado y Céline sí es candidata a la redención crítica. Las versiones
teatrales y los artículos revisionistas desde luego son un buen
augurio.

Todo esto era previsible en términos tanto bourdievianos
como del negocio del espectáculo: después de tanto tiempo
en la cumbre del mundo del entretenimiento, estaba claro que
Céline iba a encontrar formas de convertir el capital cultural
acumulado durante los años noventa, en rápida devaluación, en
una moneda de más valor. Asimismo, colaborar con productores *cool* se ha convertido en un recurso estándar para artistas que necesitan una dosis de credibilidad en el ecuador de su
carrera, o tal vez más tarde. No me sorprendería que dentro de
una década Céline estuviera trabajando con Rick Rubin, que
ya puso su talento al servicio de Johnny Cash y Neil Diamond,
o con Jack White, que le dio a Loretta Lynn el empujón que
necesitaba. Y tal vez las famosas grabaciones con Phil Spector
salgan de algún sótano.

Pero debo confesar que todo esto me entristece un poco.
Me parece una forma de reducir las opciones: si incluso Céline se ve arrastrada por la vorágine creciente de la distinción
competitiva de lo *cool*, ¿qué esperanza tenemos los demás de re-
sistirnos a sus untuosos halagos?

No obstante, me tranquiliza que la noticia más importante
del año relacionada con Céline sea que, en un concurso al estilo *American Idol* a través de Internet, su canción «You and I»
haya salido elegida como tema para la campaña de la candidata
Hillary Clinton en las primarias presidenciales de 2008. Huel-
ga decir que la victoria de Céline, que encarna a la vencedora
platónica de cualquier concurso de talentos, fue coser y cantar.
Y que si el objetivo era lograr potenciales votantes entre las mujeres de cierta edad de todo el espectro salarial, las familias de
clase media, los nuevos inmigrantes y demás, seguramente la

elección fue acertada: por una vez, Hillary Clinton había sabido adoptar una decisión claramente populista que debía ayudarla a paliar su imagen codiciosa y egoísta.

¿Qué sucedió a continuación? Pues que el anuncio generó quejas, refunfuños y las burlas de los sabelotodo de turno en blogs de música, programas de entrevistas y columnas dominicales.

De momento, parece que Céline Dion se mantiene indefectiblemente alejada de lo *cool*. Y eso, como dice su canción más famosa, me da fuerzas para seguir adelante.

Epílogo

Hablemos de los artistas

MANOLO MARTÍNEZ

Hay al menos tres grupos de gente interesados en la cuestión del buen gusto en el pop: primero, los estudiosos de la cultura, críticos, antropólogos y demás; segundo, el público en general, los que se bajan los discos o los escuchan en un bar; tercero, los que componen e interpretan las canciones. *Música de mierda* está escrito por un miembro del primer grupo. En el libro se le da voz también a miembros del segundo, fans y no tan fans de Céline Dion. El tercer grupo, los que escriben las canciones que serán después evaluadas, en cambio, no aparece por ningún lado.

No es que haya nada de malo en eso. Primero, Carl Wilson está en su derecho de elegir de qué hablar y con quién; y el libro demuestra que hay muchas cosas interesantes que decir sobre Céline Dion, su disco, y lo que vemos o no en él, sin abandonar el punto de vista de los espectadores y los críticos. Por otro lado, *Música de mierda* no es solo sobre *Let's Talk About Love*. También se presenta como una exploración general del mal gusto y para ese propósito sí resulta más extraño hacer como si las canciones nos fueran dadas, sin más. Alguien las ha escrito, presumiblemente con la intención de que le gustaran a alguien más.

¿Por qué decide Wilson no vérselas con escritores e intérpretes? El libro, por momentos, parece sugerir la siguiente respuesta: los creadores no saben lo que se dicen. Su perspectiva sobre lo que hacen, las explicaciones que nos dan, son ingenuas e irrelevantes; cualquier decisión acerca de qué hacer cuando se escriben canciones es, en realidad, arbitraria, y guiada por factores ajenos al control voluntario del artista. Los pobres, sin saberlo, solo quieren poner en circulación material que pueda luego ser usado para señalar a qué corte socio-cultural pertenece uno u otro de sus oyentes.

«Sin saberlo». Esa es una de las claves del libro y de la línea de pensamiento, de filiación bourdieviana, en la que se inscribe: somos peones en un juego estadístico; creemos tener motivos para comportarnos de esta o aquella manera, para elegir escribir esta canción u otra, pero en realidad lo que hacemos es dejarnos llevar por la corriente, buscar (inconscientemente, sin saberlo) que nuestro comportamiento sea máximamente rentable, en el contexto de otros comportamientos cuya motivación está igualmente oculta. La idea es que la verdadera explicación de nuestros juicios normativos (los que son acerca de lo que está bien o mal; los relacionados con el gusto artístico y lo que está de moda, pero también asuntos más serios, como qué es moralmente permisible u obligatorio) hay que buscarla, no en la mente de cada agente individual, sino en cómo se organiza el juego estadístico al que aludía más arriba. No es que a El Último Vecino les guste El Último de la Fila; es que incorporando esa referencia en sus canciones consiguen, sin pretenderlo del todo conscientemente, que sus oyentes puedan presentarse como gente abierta que piensa por sí misma y ha dejado atrás los escrúpulos que a la generación indie nos da Manolo García. No importa si a of Montreal realmente le ponen o le dejan de poner esos collages glam politonales, esas cosas que hace; la clave está en que publicando discos así da herramientas a los chicos listos e interesantes (esto es, a la élite intelectual y, por tanto y con un poco de suerte, económica) para que muestren que lo son.

Es difícil exagerar la importancia que estas ideas acerca del peso de los grandes números tienen sobre cómo concebimos nuestra propia naturaleza como agentes; como gente que piensa, hace canciones o las tararea, las encuentra buenas o malas. Son ideas importantes, y en gran medida correctas (o eso me parece a mí), pero buena parte de las conclusiones deprimentes que la gente cree que se desprenden de ellas no están justificadas. En concreto: del hecho de que nuestro comportamiento esté severamente constreñido por el contexto social, y que ignoremos casi completamente de qué forma y en qué dirección este contexto nos constriñe, no se sigue que no sepamos por qué actuamos, no se sigue que aunque creamos estar siguiendo los dictados de nuestro gusto artístico y nuestros intereses, en realidad, sin saberlo...

La tentación de extraer esa conclusión deprimente proviene de una teoría incorrecta acerca de la naturaleza de la mente: según esa teoría, cuando sabemos lo que hacemos lo sabemos del todo, sin posibilidad de error, porque podemos simplemente mirar dentro de nosotros y (eh...) notar cómo se forma nuestra intención de actuar, incondicionada y radicalmente libre. De la misma forma, nuestro gusto artístico sería un ingrediente de lo que somos, sin más. Parafraseando a Sartre, vivimos «a través de él». Esta era la manera dominante de concebir la mente en la Francia de mediados del siglo pasado y sin duda Bourdieu estaba influido por ella. Está claro que hay cierta tensión entre una teoría según la cual de la piel *pa* dentro mando yo y otra según la cual de la piel *pa* dentro manda básicamente todo el mundo. Es comprensible que haya habido quien corte por lo sano y simplemente renuncie a la idea de que controlamos lo que hacemos o pensamos. Nadie controla nada; todo se controla solo, etcétera. Es comprensible, pero un error.

Para verlo, considera dos posibles explicaciones de por qué Spiritualized versionaron a los Troggs. Explicación 1: Porque les gustaban los Troggs. Explicación 2: Porque la combinación de guitarras modernas y canción cavernícola es la perfecta moneda de cambio en el juego de distinguir quién mola y quién no, así que alguien tenía que hacerlo. Para entendernos, podemos llamar a las explicaciones que son como la primera «explicaciones desde abajo» (porque es un agente individual el que pone la cosa en marcha) y a las que son como la segunda «explicaciones desde arriba» (porque es la sociedad en su conjunto la que lo hace). El punto de vista que por momentos se ventila en *Música de mierda* escogería la explicación desde arriba a expensas de la explicación desde abajo. Lo que explica la existencia de esa versión no es que a Jason Pierce le gustaran los Troggs, sino más bien que esa versión (y otras parecidas) resultan útiles en el juego de fuerzas socio-cultural-económicas que es el que de veras hace que el mundo gire. Pero es que, primero, las dos explicaciones no son incompatibles: incluso si es cierto que la versión de los Troggs existe porque es útil, si no hubiera sido porque a Pierce le apeteció hacerla, no existiría. Compara este otro caso: es verdad que la sangre se reparte por el cuerpo de los mamíferos rítmicamente porque eso aumenta las posibilidades de supervivencia de esos animales frente a otros que no tuvieran sangre para llevar nutrientes y oxígeno; pero es igualmente verdad que lo hace porque el corazón la bombea. En este caso, primar la explicación desde arriba a expensas de la explicación desde abajo («no es que el corazón bombee sangre; es que los animales que no tienen sangre...») resulta ridículo. Estoy sugiriendo que es igual de ridículo primar la explicación desde arriba cuando hablamos de la composición de canciones a expensas de la de abajo, la que habla de las intenciones y los intereses de los artistas.

Y, segundo, las dos explicaciones aclaran cosas distintas. La explicación desde abajo se las tiene que ver con esta versión concreta, con las decisiones concretas de Spiritualized. La explicación desde arriba, por su parte, está interesada en la existencia en general de versiones con más o menos esas características (como, a lo mejor, la de «Quién maneja mi barca» de Hidrogenesse, o la de «Shock me» de Red House Painters). Si uno quiere explicar lo que hizo Jason Pierce, tendrá que empezar a hablar de música, y no solo de sociología.

Todo esto para decir que no todo vale. Los compositores no están siendo ingenuos cuando se preocupan de que sus canciones sean bonitas, atractivas y emocionantes, ni están meramente haciéndole el juego a la clase dominante (los hay que sí, claro, pero esa es otra historia). Algunos teóricos culturales (quizá Wilson; con seguridad muchos de los que han publicado comentarios sobre *Música de mierda*), por otra parte, sí están dejándose llevar por una teoría anticuada de en qué consiste y cómo funciona la mente cuando desesperan de las explicaciones desde abajo. Si quieres saber qué razones tienen of Montreal, El Último Vecino o Spiritualized para hacer lo que hacen, pregúntaselo.

Welche Thiere gleichen einander am meisten?

Kaninchen und Ente.

Y, en fin, si no todo vale, ¿qué vale? Una fuente de valor estético entre muchas, me parece a mí, está relacionada con la capacidad de las canciones de hacerte ver las cosas de otra manera, en el mismo sentido en que uno ve la figura anterior de otra manera cuando la ve como un pato tras haberla estado viendo un rato como un conejo: uno cree entender cómo funciona lo que sea, y de repente tal o cual canción te hace ver que el mismo material puede organizarse de una forma totalmente distinta. Un ejemplo: a mí me parecía que había entendido de qué iba el éxtasis (la sustancia, no el estado) hasta que oí «Take Ecstasy With Me» de los Magnetic Fields, donde aparece asociado a un amor invernal y hogareño, quizá adolescente. La sensación cuando uno oye esa canción no es que el éxtasis está añadido incongruentemente a la mezcla, a ver qué pasa, sino que ya pertenecía de alguna forma a ella por derecho propio, pero que nadie lo hubiera visto de no haber sido por esa canción. Otro ejemplo: Lidia Damunt pone mal los acentos en «Lengua de lava» («corré lenguá de lava | rapído como el agua...»). Lo que a mí me había parecido siempre un cutrerío, falta de oficio de los escritores de canciones, de repente, en esa canción, hace que la letanía que recita el volcán parezca verdaderamente mágica, capaz de hacer que la lava corra. No como si los acentos cayeran en su sitio, que seguro que la lava no iba ni a inmutarse. ¿Por qué? No tengo ni idea; porque la canción es buenísima, por eso. El libro de Wilson, de hecho, tiene esta virtud que estoy describiendo aquí: tras leerlo uno piensa en Céline Dion de manera muy distinta.

Lo de hacer ver las cosas de otra manera depende de con qué puntos de vista, qué maneras de ver, uno esté familiarizado. Si yo hubiera pensado ya (no sé cómo, pero bueno) que el éxtasis tenía esa cosa navideña dentro, o que los encantamientos tienen que tener los acentos mal puestos, las canciones que he señalado más arriba a lo mejor me hubieran hecho menos efecto, y me gustarían menos. De la misma forma, es concebible que algunos de los temas que se tocan y los trucos que se usan en *Let's Talk About Love*, puedan abrir nuevas perspectivas a algún oyente. Alguien, por ejemplo, que no haya caído en la cuenta de que el amor es «un hilo que nos une a todos, desde la risa de un niño al llanto de un adulto». En todo caso, lo más probable es que los autores de esa canción y las otras del disco estén precisamente intentando alinearse con perspectivas ya transitadas asiduamente por su público potencial. La idea no es que Dion te haga explotar la cabeza, sino entrar con ella en su lugar seguro, donde las cosas son lo que siempre han parecido ser. Canciones así pueden ser buenísimas, pero lo serán a pesar de eso, no gracias a eso.

O quizá me equivoco, y este asunto de los puntos de vista y las perspectivas no está relacionado en absoluto con la gracia que tenga una canción. En todo caso, la manera de salir de dudas es pensando en qué nos hace enamorarnos de una canción, intentando aislar el mecanismo que produce ese efecto, quizá intentando replicarlo nosotros mismos. Tomándonoslas en serio, y en sus propios términos, no (o al menos no solo) especulando sobre el efecto social que, sin saberlo, están provocando sus compositores.

MANOLO MARTÍNEZ es miembro fundador de Astrud, una de las formaciones más influyentes del pop nacional de las últimas dos décadas. Actualmente es investigador en el departamento de Filosofía de la Universidad Autónoma de Barcelona. Ha recibido, entre otras, una beca Beatriu de Pinós y un contrato Juan de la Cierva, y ha publicado numerosos trabajos sobre filosofía de la ciencia y filosofía de la mente en libros y revistas especializadas tanto nacionales como internacionales.

Agradecimientos

Música de mierda está en deuda, como todos los libros, con el trabajo y las ideas de personas con las que el autor ha hablado o a las que ha escuchado o leído. Aparte de los autores citados y entrevistados, muchos de los contribuidores han sido una inestimable fuente de inspiración (especialmente Ann Powers, Owen Pallett y Drew Daniel), además de Jody Rosen, John Shaw, Sean Michaels, Steve Kado, Jonny Dovercourt, David Cantwell, Jonathan Lethem, Katherine Meizel, Helen Spitzer, Michael Barclay, Joe Pernice, Jake London, Franklin Bruno, Dan Bejar, John Darnielle, Daphne Carr, Jacob Zimmer, Dave Morris, Derek McCormack, Sarah Liss, Mark Kingwell, Ian Brown, Brian Joseph Davis, Frank Black, Dave Hickey, la fallecida Ellen Willis, Frank Kogan, Jason Gross, Scott Jacobsen (Fayettenam Records), Simon Reynolds, Laura Landauer y Erella Ganon. Kate McGee, Laurie McGregor y Chris Randle me ayudaron con el trabajo de documentación y no fueron suficientemente recompensados.

También doy las gracias colectivamente a Eric Weisbard y a los asistentes a la conferencia anual del pop EMP; a los lectores y autores de comentarios de Zoilus.com; a los asiduos al Smokeasy; a mis aliados de Backtotheworld.net; a mis colegas del Book Club; a Steve Jordan y al jurado del premio Polaris;

a la gente de P2, flufflist y Twangfest; a Mike Powell, Michael Barthel, Ari Abramowitz y a tantos otros blogueros musicales; a Jude MacDonald y al resto de los juerguistas nocturnos de *The Colbert Report*; a Amanda Stern y a la serie de Happy Endings; a Marc Glassman, Chris Reed y la plataforma This Is Not A Reading Series; a mis cómplices bromistas de Facebook y Twitter (@carlzoilus) y a todos los fans de Céline que respondieron a mis preguntas y que no aparecen en la versión publicada del libro.

Agradezco la labor de todo el personal de Continuum |Bloomsbury, especialmente de mi editor Ally Jane Grossan, de la editora de mesa Kaitlin Fontana y de los exempleados Claire Heitlinger y John Mark Boling. Quiero hacer una mención especial a David Barker, fundador de la colección «33 1/3», sin la cual este libro no existiría. Gracias también a todos aquellos que han impartido clases utilizando este libro y a aquellos que me han invitado a hablar con sus alumnos. Les deseo lo mejor a mis colegas del *Globe and Mail*, especialmente a mi mentora Cathrin Bradbury, y les agradezco enormemente la formación profesional que me han brindado y su capacidad de adaptarse continuamente a mis múltiples vidas a lo largo de quince años. También estoy muy agradecido a mis excompañeros del semanario *Montreal's Hour* (R.I.P.) y a mis nuevos colegas de Slate.com, especialmente a mi editor, John Swansburg, por la paciencia y flexibilidad que ha mostrado durante la producción de este libro. Gracias también a mi agente, Jim Rutman de Sterling Lord Literistic, por velar siempre por mí y por esperar con impaciencia a que me ponga a trabajar en el siguiente libro.

Finalmente, le estoy infinitamente agradecido a mi familia (Colette Wilson, Jeremy Wilson y Lory Picheca), por la inspiración, los valiosos comentarios y el sustento que me han brindado a lo largo de los años. Aparte de los muchos amigos que he mencionado ya, no tengo suficientes palabras de agradecimiento para Katie Krelove, Sheila Heti, Michael McManus, Megan Saunders, Misha Glouberman, Margaux Williamson, Julia Rosenberg, Ryan Kamstra, Heather Mackay y familia, Susana Bejar y familia, Mani Haghighi, Sean Dixon, Katerina Cizek, Dana Turby, Katarina Gligorijevic, Tracy Loland, Everett Dixon y familia, Eric Smith, Buffy Childerhorse, Christopher Frey, Lauren Bride, Doug Saunders y Elizabeth Renzetti, Scott Straus, Tom Wilkie, Becky Johnson, Martha Sharpe, Kevin Temple, Erin Brubacher, Sholem Krishtalka y Jon Davies, además de todas las personas que, inevitablemente, habré pasado por alto sin querer y a los miembros de cualquier asociación secreta de la que tal vez sea miembro.

Dedico este libro a la memoria de Gordon Martin, Patrick Roscoe y Carl Douglas Wilson.

BOB6

SANTIAGO LORENZO

Los millones

*

BOB7

GRACE METALIOUS

Peyton Place

*

BOB8

SANTIAGO LORENZO

Los huerfanitos

*

BOB9

HOWARD BUTEN

Cuando yo tenía cinco años, me maté

*

BOB10

SANTIAGO LORENZO

Las ganas

*

BOB11

ENRIQUE JARDIEL PONCELA

La «tournée» de Dios

*

BOB12

PERCIVAL EVERETT

X

BOB20
CARLO PADIAL
Doctor Portuondo

*

BOB21
ENRIQUE JARDIEL PONCELA
¡Espérame en Siberia, vida mía!

*

BOB22
ROB SHEFFIELD
Vives en las cintas que me grabaste

*

BOB23
JEROME K. JEROME
Tres hombres en una barca

*

BOB24
ANDREI KURKOV
Muerte con pingüino

*

BOB25
KATHERINE DUNN
Amor de monstruo

*

BOB26
BEN BROOKS
Lolito